CLAUDE-MARCEL LAURENT

LE SCRABBLE

à l'École des Champions "FRANCOPHONES"

PIERRE TOURNON ÉDITIONS
15, rue de Tournon, 75006 PARIS

Maquette et photo couverture de Jacques RAYEZ

Le tableau du Jeu de SCRABBLE, marque déposée,
est reproduit en couverture
avec l'aimable autorisation de J.W. SPEARS & SONS Ltd.

SOMMAIRE

ISBN 2-85182-442-2

AVANT-PROPOS

D'où vient donc le **Scrabble** (1) qui figure aujourd'hui parmi les jeux de société les plus pratiqués dans le monde ? Il s'inscrit dans le cadre des « jeux de lettres » qui, sous des formes différentes, connurent depuis longtemps une faveur certaine. A l'origine des **mots en carré,** qui eurent un si grand succès au siècle dernier, on trouve les fameux « carrés magiques ». Les mêmes mots s'y pouvaient lire verticalement et horizontalement. Dans le plus fameux même, figurant sur des pierres de l'époque romaine, chaque mot lu à l'envers reproduit l'un des autres (SATOR est l'inverse de ROTAS et AREPO, lu à l'envers, donne OPÉRA) :

S A T O R
A R E P O
T E N E T
O P E R A
R O T A S

Nombre de civilisations antiques ont connu des carrés analogues utilisés à des fins magiques ou divinatoires fort différentes du jeu.

Les mots en carré classiques devenant vite irréalisables avec des mots de plus de cinq ou six lettres, on admit d'autres formes géométriques que le carré : mots en losange, en parallélogramme, en triangle, en croix, en hélice, etc. Par ailleurs, les mots, à retrouver d'après leur définition et à inscrire dans la figure, n'étaient plus les mêmes horizontalement et verticalement. La grande trouvaille consista ensuite à ménager un espace vide pour permettre de placer plusieurs mots sur la même ligne.

---

(1) Marque déposée.

Dès la fin du siècle dernier, le périodique français humoristique **Pêle-Mêle** avait triomphé de cette difficulté. Il fallut pourtant attendre 1925 pour que les « mots en croix », premier nom des **mots croisés**, fassent leur apparition dans un journal français, à l'instigation du **cross-word puzzle** qui faisait florès depuis deux ans aux États-Unis, puis en Grande-Bretagne.

Le jeu serait resté banal s'il avait conservé sa forme rudimentaire, consistant à donner comme définitions des mots celles du dictionnaire aussi abrégées que possible. Le vrai jeu commença lorsque Jean Richepin, Tristan Bernard, Reynaldo Hahn et Renée David eurent l'idée de substituer à la définition classique une définition malicieuse. Les véritables **mots croisés** étaient nés. On sait leur succès bien que tous les problèmes publiés ne témoignent pas toujours de l'érudition et de l'humour dont avaient fait preuve leurs célèbres « inventeurs ».

Ne pouvait-on intervertir les rôles et imaginer de laisser au joueur le soin de composer des mots en employant des lettres dont il disposait ? C'est le principe d'autres jeux de société, tels le **Lexicon** ou le **Diamino** (1). Des cartes pour le premier ou des jetons pour le second portent chacun une lettre assortie d'un nombre indiquant sa valeur en points. Le matériel de ces jeux se prête à de nombreuses variantes basées sur la composition de mots à exposer sur la table.

Une des originalités du **Scrabble** réside dans l'emploi d'un tableau de jeu. L'occupation de certaines cases fait doubler ou tripler la valeur de la lettre qui s'y trouve placée ou celle du mot qui la recouvre. Le but du jeu est d'employer les lettres dont on dispose pour totaliser le maximum de points ; mais le total dépend à la fois de la valeur des jetons lettrés et des carrés primés sur lesquels ils peuvent se trouver placés.

Le jeu a été imaginé en 1948 par Alfred Butts, un architecte new-yorkais qui aimait se divertir avec les anagrammes et les mots croisés. Son dessein était d'élaborer un jeu de lettres original. Après pas mal d'essais, il aboutit à la formule que nous connaissons et se contenta d'appeler son jeu **It**. Après plusieurs tentatives infructueuses pour mettre son jeu sur le marché, l'inventeur se décida finalement à reprendre son activité d'architecte. Il continua simplement à pratiquer le jeu dans le cercle de ses amis.

---

(1) Marques déposées.

Les choses en seraient peut-être restées là si n'était intervenu James Brunot fort connu à l'époque aux États-Unis par sa mission de contrôle d'un Plan d'aide aux pays éprouvés par la guerre. Conquis par le jeu d'Alfred Butts, il décida de l'appeler **Scrabble** et de le lancer, sur une modeste échelle, dans le grand public.

Pendant quelque trois années, jusqu'à l'été 1952, ce défenseur du Scrabble ne ménagea, sans effet, ni son temps ni son argent pour faire connaître le nouveau jeu. Quelque peu déçu, il était sur le point d'abandonner la partie quand soudain le Scrabble partit en flèche. Le jeu se mit à connaître une vogue prodigieuse. Il devint rapidement à travers le pays le plus populaire des passe-temps. En une seule année, il s'en vendit aux États-Unis trois millions d'exemplaires. Bientôt le jeu devait faire la conquête du monde entier avec des éditions en différentes langues. La règle et le tableau demeurent ; mais la valeur des lettres est modifée d'après la fréquence dans la langue utilisée.

Depuis lors se sont créées des Fédérations groupant de nombreux Clubs. Il a fallu pour les compétitions édicter des règles complémentaires. On a également imaginé des formules de jeu éliminant, pour les concurrents, le hasard de la distribution des lettres. Le joueur isolé peut même, grâce aux « problèmes » qui lui sont proposés, se mesurer avec des champions. On a songé également à diverses variantes fort ingénieuses mettant à l'épreuve la malice ou l'érudition.

Les règles elles-mêmes du Scrabble sont en vérité fort simples. Un enfant peut prendre au jeu autant de plaisir qu'un adulte. En revanche, l'extraordinaire richesse de la langue française permet aux plus savants de faire encore des découvertes ! Le débutant place ses lettres un peu au petit bonheur et se désole quand le sort lui en réserve certaines difficiles. Il est donc utile de connaître les mots peu nombreux, courts ou longs, qui les emploient. Le lexique que vous trouverez répond à ce dessein. Dans une pensée analogue, il a paru souhaitable d'indiquer quelques astuces utilisées par les scrabbleurs (en particulier les préfixes et suffixes d'une lettre). Pour la pratique du jeu lui-même, des remarques, des conseils et des grilles de championnats vous permettront d'approcher peu à peu des scores réalisés par des maîtres. A ce propos, il nous faut remercier des champions tels Michel Charlemagne et Michel Pialat qui, très gentiment, ont donné, à votre intention, un témoignage de leur savoir-faire.

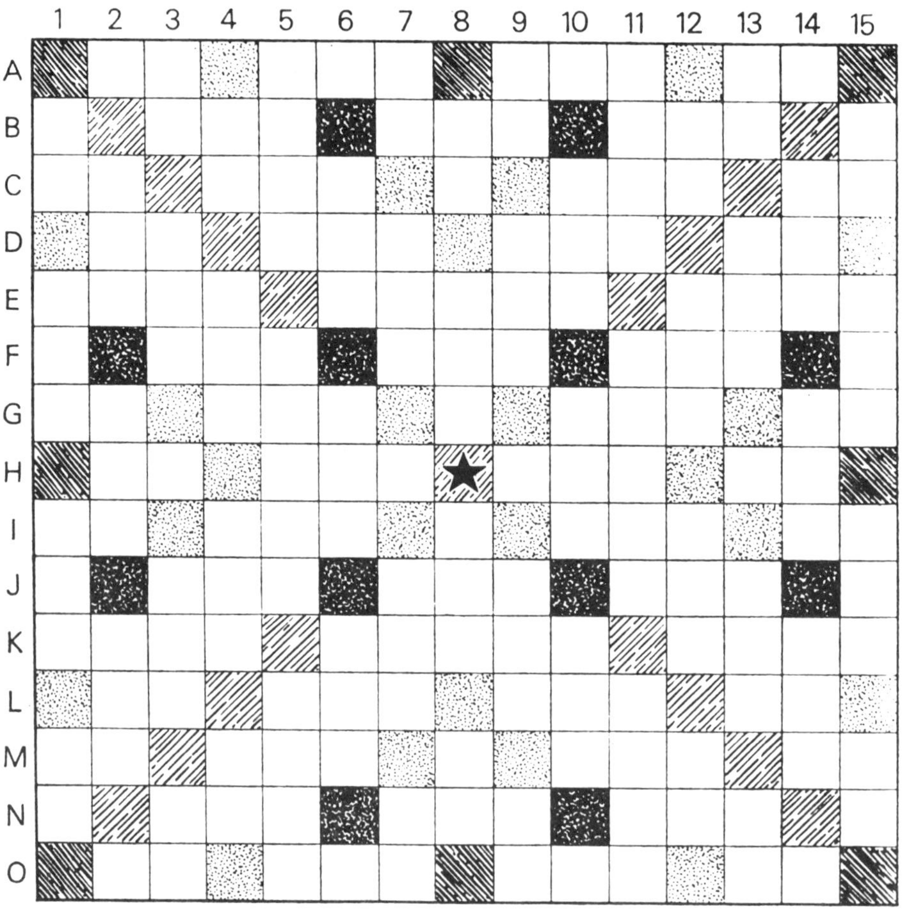

CASES A PRIME

Bleu clair	LETTRE compte double	Rose	MOT compte double
Bleu foncé	LETTRE compte triple	Rouge	MOT compte triple

CHAPITRE I

RÈGLE DU JEU

En vue d'éviter des malentendus ou des interprétations différentes de la règle figurant dans la boîte de jeu, les Fédérations française et belge ont été amenées à édicter chacune un Règlement officiel à appliquer dans les compétitions. Ils précisent et complètent différents points de la règle. Pour la question du vocabulaire, c'est L'**Officiel du Scrabble** (Larousse) qui est l'ouvrage de référence pour les scrabbleurs de compétition depuis le 1er janvier 1990. A défaut, rien n'empêche les joueurs de continuer à utiliser leur **Petit Larousse Illustré** ou tout autre dictionnaire comme « arbitre »...

Voici quelques précisions utiles :

Temps de réflexion.

En partie libre, le temps imparti à chaque joueur pour élaborer et placer son mot est limité à deux minutes. Une autre formule consiste à imposer un temps global de 30 mn ou plus à chaque joueur, pour les parties à deux joueurs. Ceci permet de donner un handicap en temps à un joueur très fort. Par exemple, l'un dispose d'un temps total de 30 mn et l'autre de 45 mn. De la même manière, la première formule peut accorder pour chaque coup un temps différent à chaque joueur.

Dans le jeu en duplicate (voir p. 30), le temps accordé pour chaque coup est de trois minutes en individuel et de deux minutes en paires.

Accents et cédille.

Les lettres comportant un accent (grave, aigu, circonflexe) et figurant dans un mot placé sur la grille peuvent être utilisées par la suite sans qu'il soit tenu compte de l'accentuation et vice versa. Il en est de même pour la lettre C avec ou sans cédille ou pour les lettres portant un tréma.

Décompte des points

La case centrale (H 8) étant rose, la valeur du premier mot est doublée. Comme il l'est indiqué dans le règlement, les primes se cumulent lorsque plusieurs lettres d'un mot occupent des cases de couleur. Si, dans un même coup, une lettre commune à deux mots occupe une case à prime, la prime sera comptée dans les deux mots. En revanche, pour les coups suivants, toute lettre recouvrant une case à prime annule celle-ci. Le joueur complétant un mot déjà placé bénéficie donc des points des lettres le composant, mais pas des primes dont il a eu l'avantage. Soulignons qu'un jeton blanc (joker), bien que sans valeur, occupant un carré rose ou rouge, fait doubler ou tripler la valeur du mot auquel il appartient.

MOTS AUTORISÉS

Sont admis au Scrabble duplicate les mots repris en tête d'article dans **L'Officiel du Scrabble** (O.D.S.). Les flexions de ces mots (féminins, pluriels, formes de conjugaisons) sont également admises pour autant que l'O.D.S. les valide explicitement ou implicitement (voir p. 82). Sont refusés au Scrabble duplicate tous les autres mots.

Jusqu'au 31 décembre 1989, le dictionnaire de référence pour les scrabbleurs était le **Petit Larousse illustré** avec ses mises à jour annuelles.

RÈGLEMENT
(appliqué en compétition)

Mise en place

Chaque joueur doit avoir un jeu complet. Il place sa grille devant lui ainsi que ses lettres, face imprimée visible. Il reçoit des billets sur lesquels il écrira, coup après coup, les mots qu'il aura trouvés, et une feuille de marque lui permettant de tenir son score.

Le placement des joueurs est laissé au hasard ou déterminé par les organisateurs. Cependant, s'il s'agit d'un championnat national ou international en deux séances ou plus, ce placement est déterminé dès la deuxième séance, par le classement provisoire, étant entendu que le joueur en tête à ce moment occupe la table n° 1, le deuxième la table n° 2 et ainsi de suite, et que les premières tables forment le premier rang (et ainsi de suite).

Direction de la partie

Toute partie disputée dans le cadre d'une compétition est dirigée par un juge-arbitre. Celui-ci est responsable du bon déroulement de la partie et notamment du tirage au sort des lettres, de la régularité du jeu, des sanctions éventuelles (voir pp. 30 et 31), du classement. (En partie amicale, selon la formule duplicate, chaque tirage peut être effectué, à tour de rôle, par un des joueurs ayant alors fonction d'arbitre).

PROCÉDURE DU JEU

Tirage des lettres

Au premier coup le juge-arbitre prend dans un sac opaque et au hasard, sept lettres qu'il épelle par référence à des « mots types », par exemple : Algérie A. Aux coups suivants, il agit de même en tirant un nombre de lettres égal à celui placé au coup précédent. Chaque joueur place devant lui des lettres identiques à celles annoncées. Pour éviter les erreurs, le juge-arbitre répète son annonce, en outre, les lettres tirées sont affichées sur un tableau sur lequel sont placés, coup après coup, les mots retenus par le juge-arbitre.

Tableau d'épellation

A - Algérie
B - Belgique
C - Canada
D - Danemark
E - Egypte
F - France
G - Grèce
H - Hongrie
I - Italie
J - Jordanie
K - Kenya
L - Luxembourg
M - Maroc
N - Norvège
O - Océanie
P - Portugal
Q - Québec
R - Roumanie
S - Suisse
T - Tunisie
U - Uruguay
V - Vénézuela
W - Wallonie
X - Xénophon
Y - Yougoslavie
Z - Zaïre

Validité des tirages

A chaque coup, les lettres à utiliser doivent comporter au moins deux voyelles et deux consonnes pendant les quinze premiers coups. A partir du seizième, une voyelle et une consonne. Si ce n'est pas le cas, les lettres tirées sont rejetées et remises dans le sac (du moins s'il reste sept lettres ou plus à jouer) et de nouvelles lettres sont tirées. La lettre « Y » et les jokers peuvent être considérés par le juge-arbitre comme voyelle ou consonne. Il est procédé de même si à l'issue d'un coup aucun score positif n'a été réalisé.

Formation des mots

Après l'annonce et l'affichage des lettres utilisables, chaque joueur dispose d'un temps de réflexion pour former, avec tout ou partie de ces lettres, ainsi qu'avec les lettres des mots déjà placés, un mot de deux lettres ou plus pouvant être placé sur la grille et d'une valeur en points la plus élevée possible.

Le premier mot recouvre automatiquement la case étoilée centrale.Les mots suivants doivent être disposés soit perpendiculairement, soit parallèlement à un mot déjà placé (dans ce dernier cas, le ou les mots supplémentaires créés simultanément doivent être valables eux aussi). On peut aussi se contenter de prolonger un mot déjà placé (ce prolongement peut s'effectuer dans un sens, dans l'autre, ou dans les deux).

Temps de réflexion

A chaque coup, l'arbitre, après avoir répété les lettres en jeu, annonce « chrono » en déclenchant le chronomètre ou la minuterie indiquant le départ du temps de réflexion accordé aux joueurs : 3 mn ou 2 mn (tournoi par paires). Il signale aux joueurs le début des trente dernières secondes, puis la fin du temps réglementaire.

Inscription sur le billet

A l'expiration du temps de réflexion, le joueur lève le billet sur lequel il a écrit le mot qu'il a formé et ses références, le nombre de points obtenus, son numéro de table, le cumul de ses points sur demande de l'arbitre.

Toute lettre du mot formé représenté par un joker doit être entourée d'un cercle (référence facultative s'il s'agit d'une lettre déjà placée sur la grille).

A partir du deuxième coup, le billet portera l'indication d'un minimum de trois lettres de raccord appartenant à un ou des mots déjà placés sur la grille, l'une au moins de ces lettres étant adjacente au mot formé est requise.

Si trois de ces lettres appartiennent à un même mot, elles doivent être successives. S'il y en a plus de trois, il suffit que trois d'entre elles forment un raccord correct.

Le mot formé peut toutefois n'être pas écrit en entier s'il s'agit d'un mot formé en prolongeant, dans un sens ou dans l'autre, un mot de quatre lettres et plus. Ainsi pour transformer ANA en ANALOGUE, il faut indiquer ANALOGUE en entier ; mais pour transformer TROP en TROPICAUX il sufit d'indiquer ROPICAUX.

Si le mot prolongé ne comporte que deux lettres, une troisième lettre d'un mot adjacent est exigée à partir du troisième coup.

Au lieu de raccorder son mot, le joueur peut indiquer sa position alphanumérique. Il écrit en entier son mot horizontalement s'il est horizontal sur sa grille, verticalement dans le cas contraire. D'autre part, il écrit le symbole correspondant à la localisation de son mot. Sur le billet, tout mot formé horizontalement requiert une référence « lettre-nombre » (par exemple H 5) et tout mot placé verticalement une référence « nombre-lettre » (par exemple 10 G).

Choix du mot

Le juge-arbitre, ou l'assistant qu'il a délégué, vérifie, en commençant par les scores les plus élevés, si le mot inscrit n'est pas nul ou bien si d'autres manquements peuvent être sanctionnés (voir pp. 30 et 31). Il annonce ensuite le mot représentant le total de points le plus élevé, en respectant, le cas échéant, l'indication phonétique donnée par l'O.D.S. Il épelle le mot y compris, s'il y a lieu, la lettre que le joker représente, et il localise de manière alphanumérique le mot placé.

En cas d'égalité de points entre des mots différents, il retient le mot le plus apte, selon lui, à ouvrir le jeu, sauf si un de ces mots n'utilise pas le joker ; dans ce cas-là, c'est à ce mot qu'il donne la préférence.

Décompte des points

La valeur de chaque lettre est indiquée au bas de celle-ci. Les deux jokers sont sans valeur.

Cases bleu clair et bleu foncé

Le placement d'une lettre sur une case bleu clair double la valeur de cette lettre ; il la triple sur une case bleu foncé.

Cases rose et rouge

Le placement d'un mot sur une case rose double la valeur de ce mot ; il la triple sur une case rouge. Si, lors d'un coup, un mot est placé sur deux cases roses (ou rouges) non encore recouvertes, la valeur de ce mot est multipliée par quatre (ou par neuf) ; de même si, lors d'un coup, un mot est placé sur trois cases rouges non encore recouvertes, la valeur de ce mot est multipliée par vingt-sept.

Incidence des cases de couleur

Lorsqu'une case de couleur est recouverte, elle perd son effet multiplicateur. Par ailleurs, le cas échéant, un mot peut bénéficier à la fois de bonifications pour le mot (cases rose et rouge) et de bonifications pour des lettres (cases bleu clair ou bleu foncé) le composant.

Mots formés simultanément

Lorsque deux ou plusieurs mots sont formés lors d'un même coup, les valeurs de chacun de ces mots se cumulent, la valeur de la ou des lettres communes étant reprise dans le total de chaque mot (avec ses points de prime s'il y a lieu).

Bonification pour « Scrabble »

Tout joueur plaçant les sept lettres en un seul coup (« Scrabble ») reçoit une bonification de 50 points.

Bonification pour solo

Tout joueur obtenant en solo, à un coup quelconque, le meilleur total de points reçoit une bonification de 10 points.

Toutefois, cette bonification n'est pas accordée lorsque le joueur en cause a été le seul à trouver un « Scrabble », mais elle l'est dans le cas d'un « Scrabble » supérieur en points à un ou à d'autres, ou si le nombre des joueurs est inférieur à seize. Elle peut être accordée néanmoins dans les compétitions nationales d'interclubs quel que soit le nombre de joueurs en lice, si le règlement de ces compétitions le prévoit.

CHAPITRE II

PRATIQUE DU JEU

Il est facile, ayant sept lettres prises au hasard, de composer le mot le plus long possible. Le jeu est plus intéressant, les lettres ayant chacune une valeur propre, s'il consiste à composer un mot totalisant le plus de points possible. A ceci la règle du SCRABBLE ajoute l'attrait de diverses valorisations possibles par le placement du mot sur le tableau. Le joueur peut sans doute bénéficier d'une distribution plus ou moins heureuse et trouver ou non sur la grille l'occasion d'un placement intéressant ; mais il découvre, en améliorant peu à peu son jeu par la pratique, que la chance y joue un rôle plus réduit qu'il n'imaginait.

A l'opposé de certains jeux, le Scrabble, par sa nature même, ne se prête pas à de savantes études de tactique et de stratégie. Il n'en demeure pas moins que quelques remarques permettent, si on les observe, d'améliorer singulièrement son jeu.

MOT SCRABBLE

En premier lieu, il importe de ne pas laisser passer un mot « Scrabble ». Le joueur, en effet, parvenant à employer en un seul coup les 7 lettres de son chevalet marque une prime de 50 points. En général, le Scrabble est un mot complet. La langue française compte plus de 10 000 mots de 7 lettres et davantage encore avec les féminins, les pluriels et les formes conjuguées des verbes (1).

(1) Le champion Michel Pialat en a dénombré 28 244, y compris les mots de 6 lettres au pluriel et les verbes conjugués.

Le Scrabble peut aussi n'être pas un mot en lui-même, mais en former un en complément d'un autre déjà joué sur la grille. Ainsi devant le mot ...ENTERAI déjà placé, les lettres EEGIMNR permettent de poser ENREGIM formant le mot ENRÉGIMENTERAI. Cette opportunité, évidemment, ne se présente pas souvent. En revanche, dans la partie classique, il arrive qu'une grille puisse présenter un, voire deux Scrabbles. Le cas est, certes, plus fréquent dans des parties de championnat jouées selon la formule duplicate. On a vu des grilles en comporter dix et il est rare de n'en trouver aucun.

LES BONS PLACEMENTS

A défaut de Scrabble et c'est le cas le plus général, il faut résister à la tentation de se débarrasser du plus grand nombre de lettres possible. Imaginons, par exemple, qu'on puisse placer le mot R I M E S. Il donnera 1 + 1 + 2 + 1 + 1 = 6 points. Ce rapport, même majoré par un bon placement sur des cases à primes du tableau, ne diminuera guère si l'on se contente de RIME, pour garder la lettre S. Placée au coup suivant, elle permettra de s'approprier un mot intéressant en le mettant au pluriel. Ce peut même être le mot R I M E qui a donné 5 points ; avec la seule lettre S, au tour suivant, il donnera 6 points, soit 11 points au total. Le placement peut même être, comme nous le verrons, plus avantageux si la lettre S se trouve placée à l'intersection de deux mots. D'une manière analogue un verbe peut être complété à plusieurs reprises et, par l'adjonction d'une ou deux lettres, être totalisé plusieurs fois. Par exemple la transformation successive de OTE en OTER, puis OTERA, OTERAI, OTERAIT avec des lettres ne valant qu'1 point chacune, permet au total de marquer 25 points. Il y a également à ne pas négliger la possibilité souvent offerte avec un adjectif, voire un nom, de passer du masculin au féminin, puis au pluriel : JOLI, JOLIE, JOLIES. De même VOYOU peut devenir VOYOUTE, féminin admis. Il est donc intéressant pour certains mots de savoir si le pluriel ou le féminin sont admis et sous quelle forme.

On découvre relativement aisément la possibilité de réunion qu'offrent deux mots placés sur une même ligne, par exemple M O U... N A I T peuvent devenir MOUTONNAIT. Celle d'intercaler un mot entre deux mots parallèles est à surveiller, car elle est moins apparente. Dans l'exemple suivant, TIRE a permis d'ajouter au mot la valeur d'ESTOC et d'ESCIENT.

E S . O C	E S T O C
.	I
.	R
. S C I E N T	E S C I E N T

D'où l'utilité de connaître les petits mots, de deux ou trois lettres, en vérité peu nombreux. Spécialement ceux comportant des lettres à fort coefficient (8 ou 10 points).

Toujours dans la pensée de mots à compléter, les **préfixes** et les **suffixes** offrent des ressources précieuses. Il paraît bon de rappeler les plus utilisés :

A (ac, ad, af, al, an, ap, ar, as, at) : ABattre, ADjoindre, ALlonger, ANnoter, ATtirer, etc.

BE (bis, bi) : BÉvue, BISsac, BÉmol, BIcorne, BIface, etc.

COM (col, con, cor, co) : COefficient, CONdisciple, COMpatriote, COLporter, etc.

CA (co, cha) : CAbosser, COlimaçon, CHAmailler, etc.

DÉ (des, dis) : DÉborder, DÉcharger, DÉShonneur, DIScorde, DISpenser, DIStorsion, etc.

E (ex) : Éclairer, Émouvoir, EXciter, etc.

EN (em) : ENterrer, ENjeu, EMpocher, EMmener, etc.

ENTR(E) : ENTRaider, ENTRouvrir, ENTRElacer, etc.

FOR (hor) : FORclore, FORban, FORfaire, HORmis, etc.

IN (im, il, ir) : INconscient, INexact, ILlettré, IMmodéré, IRrésolu, IRrespect, etc.

INTER et INTRA : INTERligne, INTERposer, INTRAveineux, INTRAdos, etc.

MAL (mau) : MALadroit, MALhonnête, MAUdire, etc.

MÉ (mes) : MÉcontent, MÉSaventure, MÉplat, etc.

MI : MInuit, MIrage, MIlieu, MIdinette, etc.

PAR : PARfaire, PARachever, PARjurer, etc.

PRÉ : PRÉalpin, PRÉaviser, PRÉséance, etc.

PRO : PROposer, PROjet, PROnom, PROcéder, etc.

RE (r, res, ra) le plus fécond des préfixes : REcoin, RÉarmer, RESsaisir, RAfraîchir, RAmette, etc.

SOU : SOUmettre, SOUlever, SOUligner, etc.

SUR : SURcharger, SURexciter, SURhomme, etc.

TRES (tré) : TRÉbucher, TRÉpasser, TRESsaillir, etc.

La possibilité d'un **suffixe** vient plus facilement à l'esprit : En voici quelques exemples : syndicAT, exploraTEUR, denteLURE, autoBUS, folioLE, vendÉEN, risIBLE, volcanIQUE, journalISTE, diffamaTOIRE, torrentUEUX, animalCULE, chienDENT, contre-POISON, surTOUT, etc.

Par ailleurs **une seule lettre** soit initiale, soit finale, ajoutée à un mot peut permettre d'en obtenir un autre ayant un sens tout différent. Ainsi sur ÂME on peut composer CAME, DAME, FAMÉ, LAME, PÂME, ou RAME. De même, TARI (outre TARIE, TARIR, TARIS, TARIT) peut être transformé en TARIF ou TARIN et TÉLÉ en ATÈLE ou STÈLE. On trouvera au Lexique d'autres exemples choisis justement parmi ceux ayant moins de chances de venir à l'esprit. Ainsi, sur PÉRITES (du verbe PÉRIR) on a YPÉRITES ou PARE peut devenir PARÉO.

En résumé (sauf cas particulier), on gagne à utiliser en plusieurs fois les lettres qu'on possède. Il arrive qu'une lettre manque pour former un mot avantageux : ce n'est pas une raison pour l'oublier, le mot pouvant devenir possible par la suite. Il est très recommandable de ne pas attendre son tour pour examiner le tableau de jeu. Il comporte, au fur et à mesure de l'évolution du jeu, des cases intéressantes à repérer pour les utiliser quand l'occasion s'en présentera. Telle case de couleur, par exemple, doublant ou triplant des valeurs de mots ou de lettres peut devenir abordable. On tentera d'en bénéficier. A défaut, la défensive consistera à priver les autres d'un ajout ou d'une possibilité avantageuse. Il suffit parfois d'une ou deux lettres bien placées pour gêner l'adversaire.

LETTRES BLANCHES

Sans valeur et pourtant très précieuses, les deux lettres blanches ou jokers permettent de remplacer une lettre quelconque dans un mot. Leur emploi demande réflexion. On les utilisera quand elles seront indispensables. En général, ce sera le cas pour la formation d'un Scrabble. Le joker va se révéler intéressant dans la composition d'un mot compté double ou triple et qu'on ne pourrait obtenir sans lui. Rappelons que, sans valeur en tant que lettre, le joker placé sur une case rose ou rouge majore néanmoins la valeur du mot auquel il appartient. Assez souvent, il va ainsi représenter le Z de la deuxième personne d'un verbe, la lettre R d'un infinitif ou la lettre S du pluriel. Ainsi, une lettre blanche peut se conserver un moment, en attendant de lui trouver le meilleur emploi possible. La recherche d'un Scrabble qui utilisera la lettre blanche est facilitée quand on prend soin de réunir sur son chevalet, par deux ou trois, les lettres formant des groupements courants. Pensez notamment à ceux-ci :

— terminaisons de verbes : ER, IR, ONT, ENT, EZ, etc. ;

— préfixes : SUR, DE ou DÉ, IN, BI, CO, RÉ, AN, etc. ;

— suffixes : ADE, AGE, AIS, AISE, AISON, ISON, ANT, EAU, EL, EUR, EUSE, OIR, IE, IER, IÈRE, ITE, URE, etc.

Imaginons, par exemple, sur un chevalet un jeton blanc et les lettres suivantes A A C E L N, on peut grouper AN CE LA ou AN CA LE. Ceci fait apparaître en prenant pour B le joker (B)ALANCE ou (B)ANCALE. En prenant pour D la lettre blanche, grâce au LA qui y fait songer, on pourra aussi trouver CAN(D)ELA, etc. De toute manière, le groupement des lettres sur le chevalet aide souvent à la découverte d'un mot.

LETTRES CHÈRES

L'emploi des lettres chères, c'est-à-dire dotées d'un fort coefficient, nécessite quelques remarques. Ce sont les lettre J et Q, valant 8 points chacune ; et d'autre part, les lettres K, W, X, Y et Z, valant 10 points chacune. Elles ne figurent qu'en un seul exemplaire dans le jeu ; mais il y a éventuellement la ressource des lettres blanches qui peuvent les remplacer, mais comptent pour zéro point.

Sachant leur placement plus difficile et les voyant prendre sur le chevalet la place de lettres plus commodes à placer, quelques débutants ont tendance à vouloir s'en débarrasser au plus vite. C'est évidemment une erreur. On a, en général, intérêt à employer ces lettres sur des cases de couleur qui font doubler ou tripler la valeur de la lettre ou du mot. Il est donc, plus souvent, sage de conserver une lettre chère pendant plusieurs tours pour découvrir un placement intéressant. De petits mots ainsi composés peuvent donner beaucoup de points. Mieux encore, si l'on parvient à placer la lettre en pivot, elle donnera lieu à une combinaison double. Au score obtenu s'ajoutera la valeur du mot composé dans l'autre sens. Dans l'exemple suivant, a été placé le mot KA (particule élémentaire ayant une charge électrique, synonyme de KAON). Ceci permet de totaliser les points de KA et de KART (1).

```
U                   U
S                   S
A R T             K A R T
                  A
```

Au total, 11 + 13 = 24 points. Placée sur une case bleu foncé, la lettre K à elle seule rapporterait 60 points. Chaque fois donc que la chose est possible, on utilisera une lettre chère sur une case majorant la valeur du mot ou de la lettre tout en recherchant la combinaison double. Le Z relativement rare en initiale (ZÉBU, ZÉE, ZOÉ, ZOO(M), ZOU, ZUT, etc.) permet de mettre un verbe à la deuxième personne du pluriel. Il est donc intéressant de surveiller les verbes de la grille pour ne pas manquer une telle occasion.

La lettre J, rarissime en finale (HADJ ou HADJDJ, TOKAJ), est fréquente en initiale ou à l'intérieur d'un mot. Les deux lettres pouvant donner le plus d'embarras sont le W et le K. Jusqu'à 8 lettres, il y a quand même environ 140 mots comportant un W et environ 600 mots comportant un K. Notez en passant qu'un mot comportant des lettres d'emploi difficile peut fort bien, à l'occasion, avoir plus de sept lettres s'il trouve son complément sur la grille. Ainsi MÈTRE peut se transformer en LUXMÈTRE ou FLUXMÈTRE et BOUT devenir KIBBOUTZ.

Il est aussi intéressant de s'approprier la valeur d'une lettre chère déjà posée sur la grille. Ce peut être en complétant le mot dont elle fait partie : DOCK devient DOCKER et QUE se transforme en QUEL, LOQUE, NUQUE, etc. Plus souvent, ce sera en plaçant un mot dans l'autre sens, voire en prenant appui sur deux mots parallèles. Les mots courts à lettres chères sont alors très utiles. Rappelons-les, en vous renvoyant au Lexique pour les plus longs. Ce sera une occasion pour signaler parmi les mots courts ceux qui, conformément à la règle, ne sont pas admis.

---

(1) C'est le « coup technique » (voir Index).

J

JE	JACK	JEEP	JOUE	JURY
JAN	JADE	JETÉ	JOUG	JUTE
JAR	JAIS	JEUN	JUBÉ	DÉJÀ
JAS	JALE	JOIE	JUDO	MAJE
JET	JARS	JOLI	JURE	NAJA
JEU	JAVA	JONC	JUIF	RAJA
JOB		JOTA	JUIN	SOJA
JUS			JUPE	HADJ

K

KA(S)	KOB	KADI	KIEF	LAKH	HAÏK
KAN	KOT	KALI	KILO	MAKI	JACK
KHI	KSI	KAMI	KILT	MOKA	LACK
KID	LEK	KAON	KIWI	RAKI	MARK
KIF	OKA	KART	KOLA	SAKÉ	NECK
KIL	SKA	KAWA	KORÊ	SAKI	PACK
KIP	SKI	KAWI	KVAS	SIKH	ROCK
KIR	TEK	KÉPI	KWAS	AMOK	SOUK
KIT	YAK	KHAN	CAKE	ARAK	TANK
		KHAT	COKE	BOCK	TECK
		KHOL	DYKE		YACK

Non admis : O.K. et K.O.
(Voir au Lexique les mots de plus de 4 lettres).

Q

QAT	QUAI	QUAND	QUIET	ARQUE	MAQUE
QUE	QUEL	QUANT	QUINE	ASQUE	MOQUE
QUI	QUIA	QUARK	QUIPO	BIQUE	PAQUE
COQ	QUID	QUART	QUIPU	CAQUE	PIQUE
	QUIZ	QUASI	QUOTA	COQUE	TAQUE
	QUOI	QUÊTE	EQUIN	JAQUE	TIQUE
	CINQ	QUEUE	SQUAT	LAQUE	TOQUE
		QUEUX	SQUAW	LOQUE	TUQUE

W

WU
WAX
WON
DAW
WALÉ
WALI
WATT
WHIG
WITZ
WÜRM

IWAN
KWAS
SWAP
KAWA
KAWI
KIWI
YAWL
DAUW
SHOW
SLOW

WAGON
WATTÉ
WEBER
WENZE
WHARF
WHIST
WIDIA
WOLOF

AWALÉ
AWÉLÉ
SWING
TWEED
TWIST

CLOWN
CRAWL
CROWN
PILAW
SQUAW

Non admis : W.-C., WOOD (Voir au Lexique les mots de plus de 5 lettres).

X

EX
XI
AXA
AXE
AUX
BOX
DIX
EUX
FOX
LUX
OXO
SIX
TEX
WAX

AXEL
AXER
AXIS
EXIL
EXIT
EXPO
IXIA
OXER
BOXE
FIXE
FOXÉ

LUXE
MAXI
MOXA
NIXE
RIXE
SAXE
SAXO
SEXE
SEXY
TAXE
TAXI

APAX
APEX
AULX
BAUX
CEUX
DEUX
DOUX
FAIX
FAUX
FLUX
HOUX
INOX
LYNX

MAUX
NOIX
ONYX
ORYX
PAIX
POIX
PRIX
ROUX
TAUX
TOUX
TRAX
VAUX
VOIX

~~Non admis : EX~~ (Voir au Lexique les mots de plus de 4 lettres).

Y

AY
YAK
YEN
YIN
YOD
BYE
GYM

LYS
MYE
OYE
RYE
BEY
BOY
DEY

DRY
GOY
PSY
PUY
RAY

YACK
YARD
YAWL
YEUX
YOGA
YOGI
YOLE

AYEZ
CYME
CYON
DYKE
DYNE
EYRA
LYNX

LYRE
LYSE
OYAT
OYEZ
SYLI
TYPE
TYPO

GOYM
LAYA
LAYE
MAYA
MAYE
MOYA
MOYE

NOYA
NOYÉ
ONYX
ORYX
PAYA
PAYE
PAYS

RAYA
RAYE
SOYA
THYM

AISY
BABY

BODY
CARY
COSY
GRAY
JURY
LADY
MAMY

MOLY
PAPY
POLY
SEXY
SILY
TORY

Non admis : YU (Voir au Lexique les mots de plus de 4 lettres).

Z

ZÉE
ZEN
ZIG
ZIP
ZOB
ZOÉ
ZOO
ZOU
ZUT

FEZ
GAZ
LEZ
NEZ
RAZ
REZ
RIZ
RUZ

ZAIN
ZANI
ZÉBU
ZÉLÉ
ZEND
ZÉRO
ZEST
ZÊTA
ZINC
ZIST
ZIZI

ZONA
ZONE
ZOOM
ZOZO
AZUR
CZAR
TZAR
GAZA
GAZE
JAZZ
NAZE

NAZI
ONZE
OUZO
PÈZE
CHEZ
GÜNZ
OYEZ
QUIZ
RANZ
WITZ

Plus de mots qu'on n'imagine comportent non pas une, mais deux lettres à fort coefficient. Parmi ceux déjà cités, il est facile d'en découvrir : YACK, LYNX, KIWI, etc. Si l'on y ajoute les formes de verbes terminées par Z, on dénombre plus de 700 mots comportant cette particularité. Il y a donc lieu de se rassurer quant à l'emploi possible de telles lettres. Bien entendu, un joker, comme nous l'avons vu, peut remplacer l'une d'elles si la même lettre chère (en exemplaire unique) figure deux fois dans un mot.

LETTRES BASSES

A défaut de Scrabble possible, la bonne tactique ne consiste pas à chercher à composer un mot avec les lettres qu'on possède. Réunissant des lettres basses, il rapportera peu de points. Mieux vaut donc essayer de s'approprier un mot figurant sur la grille en le complétant, comme nous l'avons vu, en parlant des « Bons placements ». A surveiller particulièrement pour leur trouver le meilleur emploi possible deux lettres qui peuvent rapporter beaucoup : la lettre E (en quinze exemplaires) et la lettre S (en six exemplaires). Il ne faut pas les gaspiller. Avant de se laisser tenter par la mise au pluriel d'un mot, il faut être sûr que la grille n'en comporte pas un autre plus intéressant. A l'occasion, enfin, n'oubliez pas, comme cela a été déjà indiqué, que le placement de quelques lettres peut avoir pour but de priver l'adversaire d'une possibilité de la grille dont il avait de grandes chances de tirer parti.

MAUVAISE DISTRIBUTION

Il arrive qu'un joueur ait sur son chevalet un ensemble de lettres n'offrant guère de possibilités. La règle lui permet alors d'échanger de deux à toutes les lettres dont il dispose pour en puiser le nombre équivalent au hasard. Le plus souvent cette opération n'est pas profitable, car elle fait perdre un tour. On ne peut guère la conseiller qu'en fin de partie, quand il reste en main une lettre chère et difficile à placer. C'est le cas du W.

Dans les autres cas, il est peu recommandable de tenter de composer un mot qui rapportera peu de points. Si l'on a, par exemple, trop de consonnes ou trop de voyelles identiques, la bonne tactique va consister à gêner les adversaires en bloquant le jeu. En complétant un mot déjà placé, on peut rendre inutilisable par d'autres une case de couleur qui aurait pu faire marquer une prime à l'adversaire. De même, un petit mot encastré entre deux autres permet souvent de limiter les moyens du joueur suivant. L'essentiel n'est plus là de marquer des points, mais de réduire les possibilités de la grille.

A moins que vous n'ayez la chance de former les Scrabbles suivants !

— *Avec une seule consonne :*
OUGUIYA YOUYOUS (avec un joker).

— *Avec une seule voyelle et six consonnes :*

BORTSCH	SCHLAMM	SCRIPTS
BRUNCHS	SCHLASS	SKETCHS
CHRISTS	SCHLEMS	SPRINTS
FLYSCHS	SCHLICH	STRETCH
HADJDJS	SCHNAPS	STRICTS
KIRSCHS	SCHNICK	STRINGS
PROMPTS	SCHNOCK	TRENCHS
PSCHENT	SCOTCHS	
PUTSCHS	SCRATCH	

QUELQUES PARTICULARITÉS

Il est intéressant de connaître les mots peu nombreux comportant trois lettres chères. Vous les trouverez au Lexique. Il ne l'est pas moins de retenir certains mots souvent utiles par les particularités qu'ils présentent.

Les voici :

— *Mots ne comportant que des voyelles :*
AI - AU - AY - EU - OU
AIE - EAU - EUE - OIE - OUI - OYE
OUIE
YOUYOU (joker indispensable).

— *Mots ne comportant que des consonnes :*
VS - PFF - PST - BRRR - PFFT.

— *La lettre Q :*
Normalement la lettre Q est toujours suivie de la lettre U.

Font exception à cette règle les mots :
COQ - QAT - CINQ - QIBLA - PAQSON - QASIDA - QATARI,E - IRAQIEN,ENNE - QARAÏTE.

— Les lettres QU sont toujours suivies d'une voyelle, sauf dans PIQÛRE et SURPIQÛRE.

CHAPITRE III

QUELQUES VARIANTES

En dehors de la formule **duplicate** utilisée dans les compétitions (p. 29), le Scrabble se prête à plusieurs variantes intéressantes. Certaines rendent le jeu plus facile, d'autres favorisent les joueurs ayant un peu de pratique. Il est possible également d'employer sans partenaire le matériel du jeu pour composer ou résoudre des « problèmes ».

SCRABBLE A LA PIOCHE

C'est le scrabble à découvert. Il se joue à deux. Toutes les lettres sont retournées face visible sur la table. Au départ, chacun à tour de rôle, choisit une à une les lettres qui lui conviennent à concurrence de 7. Aux tours suivants, le joueur après avoir placé un mot sur la grille choisit autant de lettres qu'il en a employé pour regarnir son chevalet. Toutes les autres règles du jeu classique s'appliquent. Bien entendu, cette formule permet d'atteindre des scores fort encourageants !

SCRABBLE AUX ENCHÈRES

Cette variante se joue de préférence à deux ; mais elle admet aussi trois ou quatre joueurs. Avant la partie, les sept lettres chères, c'est-à-dire valant 8 ou 10 points, sont retirées du jeu. Ce sont les lettres : J, K, Q, W, X, Y, Z. Avant le début de la partie, elles sont mises aux enchères. Pour chacune d'elles, le joueur qui désire se la voir attribuer, indique le nombre de points qu'il compte obtenir en l'employant dans un mot. Par exemple, un joueur annoncera 35 points pour la lettre J. Un autre peut proposer davantage et finalement la lettre sera donnée à celui ayant annoncé le plus de points. Les joueurs ayant obtenu ces lettres les placent à côté de leur chevalet. Ils peuvent les employer à tout moment et en disposant, en plus, des sept lettres de leur chevalet.

A la fin de la partie toute lettre obtenue aux enchères et non placée oblige son possesseur à soustraire de son total le prix de l'enchère. S'il avait obtenu, par exemple, le W pour un mot à 80 points, il retranchera 80 points. Quand la lettre a été employée dans un mot de moindre valeur que l'enchère, on soustrait la différence. Évidemment, si plusieurs lettres acquises aux enchères sont employées dans un même mot, sa valeur intervient pour chacune.

SCRABBLE A THÈME

A deux, trois ou quatre, le Scrabble à thème adopte toutes les règles de la formule classique en doublant simplement la valeur des mots se rapportant à un thème choisi. Il peut aussi se pratiquer selon la formule duplicate à un nombre illimité de joueurs.

Avant la partie, il est fait choix d'un thème. Par exemple : la géographie, la zoologie, la botanique, la cuisine, l'amour, l'électricité, le droit, le bâtiment, la pollution, la littérature, la médecine, etc. On convient également d'admettre ou non les noms propres se rapportant au thème choisi. Chaque fois qu'un joueur parvient à placer un mot se rapportant au thème, il commence par faire le décompte normal des points obtenus, points de lettres et primes, puis multiplie le total obtenu par 2.

Encore faut-il que le mot soit admis comme se rapportant au thème. C'est là que peut intervenir le dictionnaire de référence dont on a fait choix ou l'avis des autres joueurs. Mieux vaut se montrer libéral. Si l'on a choisi, par exemple, l'électricité, on admettra des mots qui, tout ayant plusieurs sens, en ont un fort précis dans ce domaine : PILE, BALAI, BOBINE, ONDE, etc. On voit déjà des discussions possibles. Elles ne sont pas dénuées d'intérêt et peuvent même devenir fort divertissantes. On admettra sans peine que les mots FOUET, CHINOIS ou SAUTOIR se rapportent à la cuisine. Imaginez que le thème choisi soit l'amour, le joueur aura sans doute plus de peine, avec l'un de ces mots, à prouver un rapport certain.

SCRABBLE ÉTRANGER

Avec une connaissance suffisante de la langue, le Scrabble peut se pratiquer en anglais, allemand ou espagnol. Il est seulement nécessaire de se procureur la version étrangère correspondante du jeu. En effet, telle lettre rare en français peut être d'un emploi plus courant dans la langue étrangère. D'où des différences dans la répartition des lettres et dans les valeurs qui leur sont attribuées.

On peut également, en partie libre ou en duplicate, pratiquer le **Scrabble bilingue**. On disposera alors d'un jeu français et d'un jeu anglais, par exemple. Les deux parties se dérouleront simultanément. A chaque tour, il faudra placer un mot français et un mot anglais.

SUPER-SCRABBLE

Dans cette variante, les joueurs restreignent volontairement les possibilités du jeu. Les onomatopées et les exclamations sont refusées. Il en est de même des lettres grecques, sauf celles d'un emploi courant, comme PI.

Une lettre ajoutée à la fin d'un mot ne permet de s'attribuer la valeur du mot que s'il en a changé de sens. Ainsi POULE donnant POULET ne comptera que pour la lettre T. En revanche POSTE devenu POSTER (au sens d'affiche) permettra de totaliser les six lettres.

Le mot SCRABBLE lui-même, admis selon la règle générale et qu'il est bien rare de voir composer, vaut ici 100 points. Enfin, le temps de réflexion laissé au joueur pour chaque coup est réduit à une minute et demie. (Il est de 3 minutes dans les compétitions).

PROBLÈMES DE SCRABBLE

Le principe des problèmes de Scrabble est fort simple. Il consiste à donner une grille en cours de jeu et à proposer 7 lettres pour composer un Scrabble. Celui-ci découvert et bien placé, une deuxième distribution de lettres est proposée permettant d'en placer un autre et ainsi de suite.

Une formule un peu différente propose une grille en cours de jeu et une distribution de 7 lettres dont un joker. Il s'agit alors en employant toujours ces mêmes lettres, reprises à chaque fois, de composer le plus grand nombre de Scrabbles possible. La présence du joker multiplie ici les possibilités. De tels problèmes permettent d'obtenir habituellement au moins une dizaine de scrabbles et la partie totalise couramment plus de 1.000 points ! A défaut de partenaire ce peut-être parfois un jeu divertissant de composer soi-même, à découvert, une grille aussi ouverte que possible et comportant une vingtaine de mots. Le jeu consistera ensuite à prendre six lettres et un joker et à tenter de totaliser le maximum de Scrabbles.

D'autres types de problèmes sont possibles. Ceux inédits composés par un champion (p. 60) donnent idée de leur diversité : grilles composées de Scrabbles, fins de parties avec 35 lettres et penta-Scrabble (cinq Scrabbles en cinq coups).

CHAPITRE IV

LE SCRABBLE COMPÉTITION

A l'initiative de la Fédération Belge de Scrabble et de la Fédération Française, le Scrabble se joue en compétition selon la formule « duplicate ». Ce système qui ne modifie en rien les règles fondamentales du jeu a le mérite d'être plus équitable et de permettre à un nombre de joueurs quelconque de prendre part à la partie. A la seule condition de posséder plusieurs matériels de jeu, cette formule est aussi tout indiquée en famille ou entre amis où elle rend le jeu encore plus intéressant.

Dans le jeu classique, les 102 jetons vont se répartir au hasard et au fur et à mesure de leur emploi entre quatre joueurs au maximum. En duplicate, chaque joueur dispose d'un jeu complet (tableau, jetons, réglette). Il place son tableau devant lui et ses jetons lettres visibles sur sa table. Il a de plus une feuille de papier pour noter ses résultats.

L'arbitre, ou le joueur chargé de tirer les jetons au sort s'il s'agit d'une partie amicale, prend au hasard dans un sac les 7 premiers jetons. Il les annonce (lettre ou joker) et chaque joueur place sur sa réglette les jetons (lettres ou joker) identiques. En compétition, les jetons tirés sont affichés, comme ensuite les mots retenus pour figurer sur la grille.

A chaque coup, les sept jetons à utiliser par les joueurs doivent comporter au minimum :

a. pendant les QUINZE premiers coups : 2 voyelles et 2 consonnes ;

b. à partir du SEIZIÈME coup : 1 voyelle et 1 consonne.

A défaut, de nouveaux jetons sont tirés et annoncés. Les jokers et la lettre Y peuvent être considérés, au gré de l'arbitre, comme voyelle ou comme consonne.

Chaque joueur dispose alors d'un temps déterminé *(3 minutes)* pour composer avec les jetons tirés le mot de la valeur la plus élevée possible. Conformément à la règle, au premier coup, le mot formé doit obligatoirement recouvrir la case centrale étoilée. Lors des coups suivants, le mot formé doit s'accrocher à un ou des mots figurant déjà sur le tableau. Ce peut être par ajout d'une ou plusieurs lettres, par placement à angle droit ou en parallèle de façon à former des mots nouveaux qui doivent pouvoir se lire horizontalement ou verticalement.

Trente secondes avant l'expiration du temps, l'arbitre avertit les joueurs pour leur permettre d'inscrire le mot trouvé et les points correspondants. En compétition, la situation du mot est également inscrite sur le billet que ramasse l'arbitre. En partie amicale, chaque joueur annonce oralement, à tour de rôle, ses points. Ensuite, c'est le mot trouvé qui est annoncé.

Après vérification, l'arbitre retient le meilleur mot trouvé par un ou plusieurs joueurs, c'est-à-dire celui totalisant le maximum de points. Si plusieurs solutions valent le même score, il choisit celle qui, selon lui, « ouvre » le plus le jeu.

Chacun des joueurs place sur sa grille le mot retenu. De nouvelles lettres sont tirées et annoncées de façon à compléter à 7 celles non employées par le mot retenu. Le jeu se poursuit, chacun ayant à tout moment les mêmes mots (retenus) placés sur sa grille et les mêmes lettres sur son chevalet.

La partie se poursuit jusqu'au moment où toutes les lettres ont été tirées et placées sur le tableau, qu'il n'est plus possible d'en placer, qu'il ne reste plus qu'une seule lettre à jouer (quelle qu'en soit la nature) ou que le reliquat des lettres est constitué en totalité par des consonnes ou par des voyelles ; toutefois, le juge-arbitre ne peut mettre fin à la partie tant qu'il reste un joker ou un Y dans le reliquat de 2 lettres ou plus.

Fautes et sanctions.

Le joueur ne marque évidemment aucun point s'il a inscrit un mot non autorisé ou employé des lettres autres que celles tirées.

En compétition, est également nul le mot non inscrit dans le temps imparti, un mot non raccordé ou un mot raccordé par une lettre au lieu de trois.

Des **avertissements** sont prévus pour des erreurs n'entraînant pas la nullité du mot formé. Les trois premiers ne donnent pas lieu à sanction ; mais dès que ce total est atteint, tout nouvel avertissement est pénalisé de 5 points. Ces avertissements concernent les manquements suivants sur le billet remis à l'arbitre :

— Absence ou erreur de calcul des points ;

— Absence dans le mot formé d'un cercle autour d'un joker non encore placé sur la grille ;

— Encerclement dans le mot formé d'une autre lettre que celle dont le joker tient lieu ;

— Raccord de deux lettres au lieu des trois réglementaires : dans ce cas, le joueur reçoit deux avertissements.

Il est évident que, même en partie amicale, aucun joueur ne peut consulter un ouvrage de référence ou des notes quelconques. En revanche, il est tout indiqué, à défaut d'arbitre, de disposer d'un dictionnaire de référence qui sera consulté si tel mot proposé par un joueur ne paraît pas valable aux autres.

LE CLASSEMENT

Marque normale.

Les points totalisés par chacun permettent un premier classement. Comme nous le verrons plus loin (voir au chapitre VI p. 43) on peut également, en fin de partie, calculer le pourcentage de chaque joueur par rapport au maximum obtenu. Il sera ainsi plus facile dans un groupe donné de voir, par exemple, les joueurs faisant le plus de progrès.

Top Scrabble.

Un autre système de marque est aussi intéressant. C'est le TOP SCRABBLE employé dans certains tournois. Cette marque a pour effet de diminuer la valeur du coup et de revaloriser le joueur régulier. Avec la marque normale, le vainqueur peut très bien s'être trouvé souvent mal placé et l'emporter grâce à quelques coups qui lui ont donné beaucoup de points. Au contraire, tel joueur qui a toujours marqué un score honorable se verra parfois mal classé. Avec les points Top, la situation est différente car les écarts sont plus réduits. Rien n'empêche d'ailleurs, et on le fait souvent, de prévoir sur la feuille de marque une colonne supplémentaire **Top Scrabble.** Ces points indiquent tout simplement le classement du joueur par rapport aux autres à chaque coup. Imaginons qu'il y ait 12 joueurs, celui qui dans le coup totalise le plus de points marquera 11 dans la colonne Top et celui en totalisant le moins inscrira 0. Si donc le premier, en marque normale, a 120 points et celui venant en deuxième position seulement 48, cette différence de 72 points se traduit en points Top par 1 point seulement (le deuxième marque 10 points et le premier 11).

Voici un exemple avec sept joueurs : (A à G). Deux coups vont permettre d'illustrer la différences des deux marques :

Joueurs	Marque normale n° 1 points	Top n° 1	Marque normale n° 2 points	Top n° 2	Total Normal	Total Top
A	76	6	30	2	106	8
B	42	5	40	3,5(1)	82	8,5
C	40	3,5(1)	40	3,5	80	7
D	40	3,5	29	1	69	4,5
E	38	2	28	0	66	2
F	35	1	44	6	79	7
G	34	0	42	5	76	5

Le joueur A est, après deux coups, toujours 1er en marque normale avec un total de 106 points. Il n'est plus que 2e en marque Top. Le premier devient B totalisant seulement 82 points. Le joueur F, avant-dernier au premier tour est maintenant, en marque Top, à égalité avec le joueur C, malgré un écart d'1 point.

(1) En cas d'ex-æquo, les points top correspondent à la moyenne. Ici 4 + 3 soit 7 : 2 = 3,5.

LA TACTIQUE EN DUPLICATE

La plupart des remarques faites à propos du jeu classique sont à considérer quand on pratique le jeu en duplicate à une exception près. Elle est d'importance. Contrairement au jeu classique, il est recommandable à chaque coup de se débarrasser du plus grand nombre de lettres possible, si elles assurent un maximum de points. Autrement dit, il faut tenir compte des **possibilités immédiates** du jeu et ne pas se réserver des lettres utiles (S, par exemple) ou à fort coefficient pour un meilleur emploi. N'oublions pas qu'à chaque coup, tous les joueurs ont la même grille et disposent des mêmes jetons.

CHAPITRE V

PARTIE COMMENTÉE

Un dessin ou un simple croquis en disent souvent beaucoup plus qu'une explication détaillée. Un exemple vaut mieux qu'un conseil d'ordre général. C'est pour cela qu'il nous a semblé heureux de prendre une partie complète que vous allez pouvoir reconstituer peu à peu sur le tableau de jeu. En examinant les possibilités offertes chaque fois, puis en lisant le commentaire du coup vous découvrirez combien une partie jouée « avec » des maîtres peut devenir passionnante.

Joker : - le Joker est indiqué par un point d'interrogation.
- dans le Mot retenu, il est mentionné entre parenthèses.

Cette partie a comporté quatre rejets pour excès de consonnes ou de voyelles.

PARTIE COMMENTÉE PAR MICHEL CHARLEMAGNE

Champion du monde 1975

Avant de suivre, coup par coup, en compagnie de Michel Charlemagne cette première partie du Championnat disputée en 1975, à Estepona (Espagne), voici le détail du jeu et la grille terminée.

	Lettres tirées	Mot retenu	Points	Total	Position
1	K E A I R B Y	KYRIE	66	66	H 4
2	A B + S I E P O	OKAPIS (1)	34	100	4 G
3	B E + U U A E P	BOA	19	119	G 3
4	E E P U U + Z N	PUEZ	36	155	3 K
5	E N U + I D V T	VEND	27	182	2 J
6	I T U + M O A E	AIME	27	209	1 L
7	O T U + N I E U	ÉPIENT	16	225	K 2
	I O U U + E V O	Rejet			
8	T C N N F E U	FUTÉ	23	248	I 7
9	C N N + S A T A	CANNÂTE S	64	312	10 C
10	T R L U L U ?	(C)ULTURAL	66	378	D 4
	D E J R S S R	Rejet			
11	G C A T S S O	TACOTS	33	411	H 10
	G S + W S L M M	Rejet			
12	W L A I X U J	LUXÂT	34	445	14 D
13	I J W + I U M E	JEU	36	481	12 C
14	I I M W + O G E	MIE	26	507	13 A
15	G I O W + R A I	WAGON	35	542	F 6
16	I I R + I R S ?	RI(A)IS	20	562	15 A
17	I R + E T S E D	CRÉDITES	74	636	12 H
18	N B H E R L V	BRÈVE	32	668	N 10
	H L N + M L Q S	Rejet			
19	G A L S O R N	GLOSA	32	700	15 K
20	N R + D O E M F	FÉRU	21	721	8 A
21	D M N O + I N H	HAN	21	742	G 9
22	D I M N O + H E	HÉMIONE	26	768	B 2
23	D + E E L O Q	LÈVE	22	790	13 L
24	D O Q (décomposé)	DA / DO	10	800	G 13
	Q reste	ROC / OR	9	809	C 8

(1) A ce deuxième coup, Michel Pialat a réalisé un solo avec BOPS en 9 E (35 points). A l'époque, KYRIE était variable et ce solo est passé inaperçu !

Position : la position donnée est celle de l'initiale. Lorsque la référence du mot commence par une lettre, il est horizontal (par exemple H 4) ; lorsqu'elle commence par un nombre, il est vertical (par exemple 4 G).

Il faut donc marquer au préalable son jeu par une lettre de A à O inscrite verticalement (désignant les lignes) et par un nombre de 1 à 15 inscrit horizontalement (désignant les colonnes).

Cases à primes : pour la clarté de la grille les cases à primes (cases colorées) n'ont pas été signalées. Il est facile de se reporter au jeu ou de réaliser un calque avec des cases colorées à poser sur la grille.

Déroulement de la partie.

1. K E A I R B Y

La première idée qui vient à l'esprit est YAK, soit 21 points que double le placement sur la case rose centrale. A la réflexion, il y a KYRIE que trouve un joueur bien classé. Il faut penser au pluriel et aux rajouts possibles. Il y a KYRIELLE qui rapportera peu de points. En revanche, avec VAL, il y aurait VALKYRIE fort intéressant, car le V occupant un carré rouge triplerait la valeur du mot. KYRIE en H 4 (Kyrie Eleison) totalise 33 points à doubler, soit 66.

2. A B + S I E P O

La chance de composer un Scrabble avec ces lettres est fort mince. Il y a en effet, peu de mots français comportant à la fois un B et un P. D'où la pensée d'employer la lettre S, pour mettre KYRIE au pluriel. Michel Pialat fait 35 points avec BOPS (style de jazz) qui met en 9 E KYRIES au pluriel. Ce mot n'a pas été placé sur la grille par faute des arbitres. Cela arrive aussi bien au Scrabble qu'au football, au rugby et ailleurs ! Finalement, on retient OKAPIS qui ne totalise que 34. De son côté, Michel Charlemagne trouve POISE en 9 E (unité de viscosité) donnant 33 points. Entre maîtres, comme on le voit, le jeu est serré.

3. B E + U U A E P

Il y a BOA, en G 3, pourquoi ? A cause de AY vertical, soit 8 points pour BOA et 11 points pour AY (vin produit à Ay, en Champagne). Il y aurait bien eu PUB (20 points) en 3 K, formant horizontalement PI et US, mais le mot n'est pas admis en 1975. Toujours en plaçant la même lettre P en K 3 on pouvait composer PEAU qui, donnant horizontalement PI et ES, totalisait 18 points. Notez que le placement de BOA ôte la possibilité de VALKYRIE.

4. E E P U U + Z N

Le problème est ici de tirer le meilleur parti du Z. Sur la lettre I du mot OKAPI, on peut composer horizontalement PUIEZ qui est peu euphonique, mais marque 32 points. On peut faire mieux avec PUEZ vertical en 3 K qui en donnera 36.

5. E N U + I D V T

Le voisinage du Z avec une case rose (faisant doubler la valeur du mot) est intéressant. On peut composer horizontalement NEZ en N 1 et obtenir 24 points. Avec VEND vertical en 2 J, formant horizontalement ÉPI, NUS et DE, on en totalisera 27.

6. I T U + M O A E

Première remarque : la distribution comporte beaucoup de voyelles et il y a dans la grille peu de consonnes pour leur servir d'appui. Pas de possibilité de Scrabble. Composer un mot sur les lettres I et E de KYRIE ne peut donner un score intéressant. Pas plus que sur la lettre P du mot OKAPIS. C'est naturellement vers la case rouge du coin que doit se porter l'attention. AIME en 1 L donne la solution à 27 points (formant ANUS et IDE).

7. O T U + N I E U

Voici une illustration d'un rajout certainement déjà envisagé ÉPI peut devenir ÉPIENT qui marquera 16 points, le mot comptant double, la lettre E ajoutée occupant une case rose. Notons en passant que bien des joueurs, en duplicate, posent une « pastille » sur des cases dont ils ont découvert l'intérêt en cas de sortie de certaines lettres. Cette pratique permet de ne pas manquer l'occasion quand se présente la possibilité envisagée. Dans un cas comme celui-ci, un tel aide-mémoire n'était pas nécessaire.

I O U U + E V O

Dans le cas d'une telle distribution, on rejette toutes les lettres pour en tirer d'autres, car on n'a qu'une seule consonne. Il en est ainsi dans les 15 premiers coups s'il n'y a pas au moins deux voyelles ou au moins deux consonnes.

8. T C N N F E U

La distribution est valable, mais elle manque de voyelles. Il en sera néanmoins tiré le meilleur parti en plaçant les lettres en pivot : FUTÉ placé sous la lettre I de KYRIE (en I 7). Ceci permet de majorer le total, la lettre à 4 points étant comptée dans les deux mots, horizontal et vertical, dont elle fait partie : ici FUTÉ et IF. Les autres lettres employées de cette façon sont le V sur un A ou un U, Y avec A, X avec I, K avec A et J avec E.

9. C N N + S A T A

Les lettres permettent de composer CANNÂT (du verbe canner). Il reste S. Avec ce départ et en employant la lettre E de FUTÉ, presque tous les joueurs ont trouvé (vous) CANNÂTES en 10 C. Cela fait un Scrabble de 64 points.

10. T R L U L U ?

Mme Vervloedt, spécialiste des mots rares, trouve (C)ULTURAL en D 4, 66 points (bénéficie de la bonification pour Scrabble). Michel Charlemagne trouve L(A)NTURLU, Scrabble également, totalisant 64 points, en E 8. Si l'on ne trouvait pas L(A)NTURLU on aurait pu composer CURUL(E) horizontalement à partir du C de CANNÂTES ; mais pour 14 points seulement. Ou bien RUT en F 5 totalisant 17 avec RAY verticalement. De toute manière, le joueur perd beaucoup s'il ne trouve pas l'un des Scrabbles possibles ici. Penser à « pastiller » la case 12 D avec un E.

D E J R S S R

On remet tout, car on n'a qu'une seule voyelle.

11. G C A T S S O

Il y aurait CAGOT en C 1 donnant 19 points, y compris les mots verticaux O(C) et TU sur les deux premières lettres de (C)ULTURAL. Il y a aussi SAC vertical obtenu en mettant FUTÉ au pluriel, en 11 I et donnant 20 points. Exemple d'un cas où la pose d'une « pastille » aurait rappelé une place importante : TACOTS, en H 10, l'emporte avec 33 points ; ce mot bénéficie d'une case rouge qui en triple la valeur.

G S + W S L M M

On remet tout : aucune voyelle.

12. W L A I X U J

Voici une manière de casse-tête, car il y a trois lettres chères. Dès le début, on peut écarter W qui ne se marie pas avec J. Par ailleurs, il n'y a qu'un mot comportant X et W (en 1975), c'est MAXWELL (à éliminer également). S'il y avait un E, on placerait JE quelque part.

Il y a la possibilité de faire tripler X (sur une case bleu foncé). Ceci avec le mot TAXI en 14 H, soit 33 points. LUXAT, en 14 D, donne 34 points contre 33 pour TAXI.

13. I J W + I U M E

On va tenter de doubler (C)ULTURAL avec un E. Il y a mieux à jouer en faisant entrer la lettre E dans le mot JEU en 12 C. Ceci donne 16 + 20 = 36 points.

14. I I M W + O G E

Il faut repenser à l'emploi du W. Il y a bien un mot auquel on songe c'est WHIG ; mais la lettre H manque. D'où l'idée de remonter sur la lettre J de JEU. En plaçant un E sur la case rose 13 C nous aurons JE, compté double. Le coup sera double avec un mot vertical de trois lettres terminé par E. Ce sera MIE, en 13 A, totalisant 26 points (18 pour JE et 8 pour MIE).

15. G I O W + R A I

A nouveau, songeons à utiliser le W. Il y a les mots WHIG et THALWEG, mais toujours pas de H. D'où WAGON, en F 6 pour 35 points (le W triple). ROWING, en F 6, ne rapporte que 18 points.

16. I I R + I R S ?

Les trois lettres I évoque l'éventualité du mot IRISERAI. Possible à condition de pouvoir s'appuyer sur un E ou un A puisqu'on dispose d'un joker. Le mot LUXÂT peut être transformé en LUXÂT(E)S, ce qui vaudrait 17 points. Sur le C de TACOTS on peut composer verticlament CRIS(E) pour 12 points. Avec RI(A)IS, en 15 A, on obtient 20 points. La lettre A est remplacée par le joker.

17. I R + E T S E D

Tous ont joué CRÉDITÉS qui marque 74 points en 12 H. Pouvait-on faire mieux ? Oui, dit Michel Charlemagne. Il y avait STÉRIDES, en 15 H. Avec ces corps gras du groupe des éthers-sels, on aurait totalisé 80 points. Personne n'a osé jouer ce difficile Scrabble !

18. N B H E R L V

Avec une seule voyelle on ne peut arriver aux deux « triples » O 8 ou O 15. D'où BRÈVE en N 10, pour 32 points. Ce mot peut être suffixé par un S ou un T.

H L N + M L Q S

Pas de voyelle : on remet tout.

19. G A L S O R N

Avec un I, on aurait GLAIRONS (du verbe *glairer* utilisé en reliure). Avec un E, on pourrait composer RÉGALONS. En O 12, la lettre S de CRÉDITÉS permet de faire du SANG, donnant 22 points. Mieux vaut GLOSA, en 15 K, qui en marque 32.

20. N R + D O E M F

Pas de voyelle O pour faire MORFONDE. On dispose de la base FER à laquelle on découvre le meilleur emploi possible, en 8 A, avec utilisation d'une case rouge. Soit 7 x 3 = 21 points, pour FÉRU.

21. D M N O + I N H

Faute d'avoir un U, il n'est pas possible de jouer sur le B de BRÈVES de façon à bénéficier de la case rouge centrale O 8. D'où l'idée d'utiliser le H en pivot, en G 9. Ceci fait marquer 10 points pour HAN, 9 pour OH et 2 pour NA, au total 21 points.

22. D I M N O + H E

Voici la seconde lettre H du jeu. On pourrait l'utiliser également en pivot. En la plaçant au-dessus de la lettre O de TACOTS, on marquerait 18 points avec HA et HO. En B 2, HÉMIONE (équidé du Tibet) en donne 26.

23. D + E E L O Q

Plusieurs petits placements sont possibles, mais donnent peu de points. Le mot le plus profitable est LÈVE composé verticalement avec le V de BRÈVES. Il donne 22 points.

24. D O Q

Rappelons que lorsqu'il reste quatre lettres ou moins, il est permis de les placer où l'on veut séparément : c'est le « décomposé ». D placé en pivot en G 13, formant DA et DO donne 10 points. O, placé en C 9 rapporte 9 points, avec ROC et OR. Reste la lettre Q, qui ne peut pas être placée.

	1	2	3	4	5	6	7	8	9	10	11	12	13	14	15
A								F					M		R
B		H	E	M	I	O	N	E					I		I
C								R	O	C		J	E		(A)
D				(C)	U	L	T	U	R	A	L	E		L	I
E										N		U		U	S
F						W	A	G	O	N				X	
G			B	O	A				H	A	N		D	A	
H				K	Y	R	I	E		T	A	C	O	T	S
I				A			F	U	T	E		R			
J		V		P						S		E			
K		E	P	I	E	N	T					D			G
L	A	N	U	S								I	L		L
M	I	D	E									T	E		O
N	M		Z							B	R	E	V	E	S
O	E											S	E		A

LE CLASSEMENT

1er	Michel Charlemagne (France) :	784/809 : 96,91 %
2es	Mme Maud Vervloedt (Belgique) :	754/809 : 93,20 %
	Michel Pialat (France) :	754/809 : 93,20 %

CHAPITRE VI

GRILLES DE CHAMPIONNAT

D'abord une remarque : à l'opposé des « problèmes » de Scrabble, les grilles suivantes n'ont pas été composées à partir de certains mots astucieusement disposés et qu'il s'agit de retrouver. Ce sont des grilles choisies parmi celles que le hasard de la distribution des lettres a permis de réaliser lors de différents championnats du monde. Toutes ont le mérite de mettre en valeur l'art du jeu pratiqué par des joueurs de haut niveau.

On remarquera notamment combien, entre champions classés dans les premiers, les scores sont serrés, qu'on considère le total des points obtenus ou bien le pourcentage par rapport au total des points que comporte finalement la grille. A titre indicatif, la moyenne du premier par rapport au maximum, sur les vingt meilleures parties d'une année, est de 97,27 %. Dans certaines parties, le pourcentage du vainqueur a dépassé 99 %. Jean-Michel Jouannet (champion de France en paires 1976) a réalisé, en tournoi officiel en « duplicate » individuel, 1034 points sur un maximum de 1036 points possibles, soit 99,81 (le 16.10.1976). Le premier 100 % réalisé en tournoi officiel appartient à Michel Pialat (899 sur 899, le 5.8.1976, à Bagnols-sur-Cèze).

Le meilleur moyen de tirer bon parti de ces grilles est de les reconstituer soi-même ou à plusieurs, coup par coup, sur le tableau de jeu. Il est facile, ayant tiré les lettres, de compter les points du mot qu'on a pu obtenir et de regarder ensuite quel a été le mot placé. On le dispose alors sur le tableau et le jeu se poursuit avec les lettres données pour le coup suivant. Il suffit à la fin de totaliser les points pour obtenir « son » propre pourcentage.

Si l'on craint de tricher un peu, malgré soi, en dissimulant mal la solution, rien n'empêche de choisir une tierce personne qui, ayant seule la grille de référence, servira d'arbitre. Il lui suffira d'énoncer les lettres tirées et d'accorder pour chaque coup le temps prévu (3 minutes).

Sans être aussi sérieuse que celles effectuées en compétition, cette épreuve permettra d'avoir idée de son classement personnel dans l'une des séries prévues (voir p. 118, les règles adoptées pour le classement national).

En Belgique	En France
A 1 au-dessus de 90 % A 2 de 85 % à 90 % A 3 de 80 % à 85 %	1re Série : au-dessus de 90 % (1)
B 1 de 75 % à 80 % B 2 de 70 % à 75 % B 3 de 65 % à 70 %	2e Série : de 80 à 90 %
C 1 de 60 % à 65 % C 2 de 55 % à 60 % C 3 de 50 % à 55 %	3e Série : de 70 % à 80 % Série « Promotion » : moins de 70 %

(1) La 1re Série comporte une série dite « Nationale » ou « Elite » dont font partie, outre les 10 premiers du classement national de l'année, les joueurs ayant figuré aux dernières épreuves dans les :

- 5 premiers du Championnat de France individuel ;
- ou 3 premiers du Championnat de France par paires ;
- ou 10 premiers du Championnat du Monde individuel ;
- ou 5 premiers du Championnat du Monde par paires.

GRILLE N° 1
(4e partie championnat du monde 1974)

	Lettres tirées	Mot retenu	Points	Total	Position
1	F N H T E O U	FOEHN	30	30	H 4
2	T U + Z A E G R	OUTRAGEZ	86	116	5 H
3	L L S A A O O	ZOOS	39	155	O 5
4	L L A A + M M E	MAMELLE	15	170	B 6
5	A + D S A E E ?	É(V)ADÂMES	72	242	D 1
6	U P I G E I T	PIGEAIT	26	268	L 1
7	U + M S E I O U	IMPOSE	27	295	1 J
8	U U + E C L P R	RÉIMPOSE	33	328	1 H
9	C L P U U + O N	PUCE	24	352	1 A
10	L N O U + K N Y	NOYÉ	53	405	E 3
11	K L N U + J A A	KA	34	439	F 2
12	A J L N U + N ?	JANS	33	472	8 A
13	L N U V + C L E	ACNÉ	17	489	C 6
14	L L N U V + H I	EH	26	515	N 5
15	I L L N U V + B	ALVIN	18	533	B 8
16	B L U + D E I U	LUBIE	29	562	A 11
17	D U + R S T E I	ÉRUDITE S	83	645	15 A
18	F N S R T A O	F A I S	33	678	2 J
19	N O R T + T V E	BÉTON	23	701	13 A
20	R T V + R I U ?	R(O)UVRIT	70	771	14 G
21	D B Q T W E E	TWEED	35	806	J 5
22	B Q T + I A U S	BISQUÂT	88	894	10 H
23	A E L N R X	AXE	38	932	15 M

Score du Premier : 866/932 92,92 %

Deuxième : 852 91,42 %

Troisième : 811 87,02 %

	1	2	3	4	5	6	7	8	9	10	11	12	13	14	15
A	P							J			L	U	B	I	E
B	U					M		A	L	V	I	N	E		R
C	C					A	C	N	E				T		U
D	E	(V)	A	D	A	M	E	S					O		D
E			N	O	Y	E							N		I
F		K	A			L									T
G						L								R	E
H	R			F	O	E	H	N		B				(O)	S
I	E				U					I				U	
J	I	F			T	W	E	E	D	S				V	
K	M	A			R					Q				R	
L	P	I	G	E	A	I	T			U				I	
M	O	S			G					A				T	A
N	S				E	H				T					X
O	E				Z	O	O	S							E

GRILLE N° 2

(3e manche championnat du monde par équipes 1974)

	Lettres tirées	Mot retenu	Points	Total	Position
1	Y S U L S P O	PUYS	30	30	H 5
2	L O S + T R I E	ORTEILS	61	91	G 8
3	V E S I B L A	ÉLEVAIS	40	131	11 E
4	B + A D S O B L	DOSABLE	20	151	E 5
5	B + E N R A F G	FANGE	34	185	10 J
6	B R + H N E S E	ENHERBES	76	261	N 7
7	A K Q I A I E	KA	25	286	9 K
8	A E I I Q + J U	QUIA	46	332	O 6
9	E I J + D M L ?	J(U)MELÉ	42	374	13 I
10	D I + N A E N E	DÉNIA	21	395	8 A
11	A E N + M I I G	IMAGINÉE	74	469	B 1
12	X R T A I A C	XI	33	502	1 A
13	A A C I R T + R	TRAÇA	28	530	F 3
14	I R + T E E U E	ÉTIREUSE	70	600	14 A
15	T E N E P D ?	DÉPENDE(S)	36	636	A 8
16	T + U E N E Z R	TENEZ	78	714	15 H
17	R U + C R W U F	DUC	22	736	13 A
18	F R R U W + T O	RUT	25	761	O 13
19	F O R W + A I U	ROUF	21	782	M 4
20	A I W + O T O H	HO	23	805	C 3
21	A I O T W + V S	TWIST	25	830	3 F
22	A O V + L M O	VOLA	16	846	N 1
23	M O	MOKAS	15	861	K 7

Score 1re équipe : 777/861 90,24 %

2e et 3e : 751 87,22 %

4e : 744 86,41 %

	1	2	3	4	5	6	7	8	9	10	11	12	13	14	15
A	X							D	E	P	E	N	D	E	(S)
B	I	M	A	G	I	N	E	E					U	T	
C			H	O				N					C	I	
D								I						R	
E					D	O	S	A	B	L	E			E	
F			T	R	A	C	A				L			U	
G			W					O	R	T	E	I	L	S	
H			I		P	U	Y	S			V			E	T
I			S								A		J		E
J			T							F	I		(U)		N
K							M	O	K	A	S		M		E
L									A	N			E		Z
M				R	O	U	F			G			L		
N	V	O	L	A			E	N	H	E	R	B	E	S	
O						Q	U	I	A				R	U	T

GRILLE N° 3

(2e partie championnat du monde 1975)

	Lettres tirées	Mot retenu	Points	Total	Position
1	U T P E D S I	DISPUTE	74	74	H 4
2	O N S O R W A	ORAISON	28	102	5 E
3	W + C P E A O S	CAPES	32	134	L 1
4	O W + V L A Q L	CALO	18	152	1 L
	L Q V W + E G L	Rejet			
5	S A M Q C E A	MACAQUES	69	221	8 C
6	T N E R N U E	RETENU	23	244	11 H
7	N + T O U F U I	FOUIT	24	268	M 9
8	N U U + H M E A	HÉ	33	301	N 10
9	A M N U U + I T	MUTINA	29	330	12 C
10	T ? I O J N I	(É)JOINTAI	68	398	2 F
11	N G G U E U Y	NOYÉS	34	432	J 4
12	G G U U + V D T	VU	19	451	11 D
13	D G G T U + E A	GADGET	34	485	1 A
14	U + L E A S X H	LUXES	56	541	O 7
15	A H + B W O E E	HA	32	573	1 H
16	B E E O W + L I	LOBÉE	28	601	3 C
17	I W + E E L F E	FIÉE	26	627	13 A
18	E L W + R B D I	RIFLE	27	654	A 11
	B D W + S R K L	Rejet			
19	S E V U B L N	VUES	28	682	4 A
20	B L N + R A I Z	ZAIN	35	717	6 B
21	B L R + D ? R M	F(O)X / (O)HÉ	19	736	N 9
	B D L M R R + K R W	restent			

Score du Premier : 723/736 98,23 %

Deuxième : 709 96,33 %

Troisième : 702 95,38 %

	1	2	3	4	5	6	7	8	9	10	11	12	13	14	15
A	G			V							R	I	F	L	E
B	A			U		Z							I		
C	D		L	E		A		M				M	E		
D	G		O	S		I		A			V	U	E		
E	E		B		O	N		C				T			
F	T	(E)	E		R			A				I			
G		J	E		A			Q				N			
H	H	O		D	I	S	P	U	T	E	R	A			
I	A	I			S			E			E				
J		N		N	O	Y	E	S			T				
K		T			N						E				
L	C	A	P	E	S						N				
M	A	I							F	O	U	I	T		
N	L								(O)	H	E				
O	O						L	U	X	E	S				

GRILLE N° 4
(3e partie championnat du monde 1975)

	Lettres tirées	Mot retenu	Points	Total	Position
1	X ? I S P T Q	SIXT(E)	28	28	H 4
2	P Q + A N L N E	APEX	21	49	6 E
	L N N Q + L N P	Rejet			
3	O U W B I U T	ABOUTI	16	65	E 6
	U W + I O I I I	Rejet			
4	M T V I T H U	HUIT	23	88	12 B
	M T V + Q R D O	Rejet			
5	A N O D S S A	SONDAS	23	111	9 H
6	A + A T B S E P	TAPE	26	137	8 L
	A B S + R K N G	Rejet			
7	E I H G E V E	VÉGÉTAI	22	159	L 4
8	E H + E R D O E	RODÉO	21	180	8 A
9	E E H + U E A N	EUH	22	202	M 3
10	A E E N + F E A	FANE	22	224	N 1
11	A E E + R D R E	ADHÈRE	24	248	B 10
12	E R + C U A A T	ARCATURE	63	311	A 2
13	M E I O B M S	BIEFS	33	344	1 K
14	M M O + O N N U	NOM	25	369	A 13
15	M N O U + I M L	COMMUN	20	389	4 A
16	I L + G O L L W	ALGOL	12	401	2 A
17	I L W + Q S R E	LIRES	22	423	11 H
18	Q W + N R F E I	NEUF	31	454	C 10
19	I Q R W + Y S E	LYRES	72	526	H 11
20	I Q W + K J A C	JACKS	31	557	15 D
21	I Q W + Z L R T	ZIG	33	590	6 J
22	L R Q T W + I U	REQUIT	14	604	O 7
23	L W + ? N E A V	N(I)VELA	31	635	1 D
24	L W	LU (1)	4	639	10 N
	W	reste			

(1) A l'époque, WU n'était pas admis.

Score du Premier : 596/639 93,27 %

Deuxième : 592 92,64 %

Troisième : 591 92,49 %

	1	2	3	4	5	6	7	8	9	10	11	12	13	14	15
A		A	R	C	A	T	U	R	E				N	O	M
B		L		O				O		A	D	H	E	R	E
C		G		M				D		N	E	U	F		
D	N	O		M				E				I			J
E	(I)	L		U		A	B	O	U	T	I	T			A
F	V			N		P									C
G	E					E									K
H	L			S	I	X	T	(E)	S		L	Y	R	E	S
I	A								O		I				
J						Z			N		R				
K	B					I			D		E				
L	I			V	E	G	E	T	A	I	S				
M	E		E	U	H			A	S						
N	F	A	N	E				P		L					
O	S						R	E	Q	U	I	T			

GRILLE N° 5
(4e partie championnat du monde 1975)

	Lettres tirées	Mot retenu	Points	Total	Position
1	M G U L P A L	GALLUP	24	24	H 7
	M + K V T A S N	Rejet			
2	D S T I E L K	KILTS	36	60	10 F
3	D E L + B T E A	DÉTELA	25	85	11 A
4	B + E E M N O E	ÉMONDÉE	30	115	A 7
5	B + ? E E R Z F	BÂF(R)EREZ	72	187	8 G
6	? U R U I N W	WÜR(M)IEN	34	221	M 3
7	U + V C S E T I	CIVETS	34	255	13 C
8	U + E A T T I O	TUTOIERA	66	321	5 G
9	M E U E R X N	PREUX	32	353	12 H
10	E M N + A S J H	JEANS	48	401	O 1
11	H M + C U S A N	AH	31	432	14 E
12	C M N S U + U M	MUCUS	33	465	15 A
13	M N + Y T R E E	MYE	35	500	6 E
14	E N R T + A I E	TANIÈRE	74	574	4 C
15	B N G R A S I	ISBA	28	602	10 L
16	G N R + A L I V	VAGINAL	36	638	O 9
17	R + O E H Q I L	EH	29	667	6 I
18	I L O Q R + N O	QUOI	22	689	K 11
19	L N O R + A S R	RATONS	14	703	C 2
20	L R + O P F D O	LOF	26	729	N 12
21	D O P R + D	PÉRI	12	741	D 10
22	D D O (décomposé)	DE	12	753	L 4
		DON	8	761	13 M
		NOM	8	769	E 4

Score du Premier : 710/769 92,33 %

Deuxième : 701 91,16 %

Troisième : 683 88,82 %

	1	2	3	4	5	6	7	8	9	10	11	12	13	14	15
A							E	M	O	N	D	E	E		M
B											E				U
C		R	A	T	O	N	S				T		C		C
D				A						P	E	R	I		U
E				N	O	M					L		V	A	S
F				I		Y				K	A		E	H	
G				E	T	E		B		I			T		
H				R	U		G	Ⓐ	L	L	U	P	S		
I				E	T	E		F		T		R			
J					O	H		Ⓡ		S		E			
K					I			E			Q	U	O	I	
L				D	E			R		I		X			
M			W	U	R	Ⓜ	I	E	N	S			D		
N					A			Z		B		L	O	F	
O	J	E	A	N	S				V	A	G	I	N	A	L

GRILLE N° 6

(5e partie championnat du monde 1975)

	Lettres tirées	Mot retenu	Points	Total	Position
1	J A I R T O E	JETAI	40	40	H 4
2	O R + P O O D N	PROJETAI	51	91	H 1
3	D N O O + ? E Y	ONDOYÉ(S)	85	176	9 B
4	Q P F I I A S	FRIPAIS	18	194	2 G
5	Q + U I U U Z E	TIQUEZ	38	232	6 H
6	U U + W E S C S	SUCEZ	32	264	M 2
7	S S U W + D R O	ODEURS	27	291	L 4
	S W + E R X N N	Rejet			
8	M L V E N S E	ÉLEVONS	40	331	E 5
9	M + E A H L G S	HAREMS	30	361	8 J
	G L + W R X M E	Rejet			
10	B E H U V I W	HÉ	28	389	10 B
11	B I U V W + M M	IMBUE	11	400	7 A
12	M V W + X T E I	EXIT	39	439	A 5
13	I M V W + A L N	NIVAL	20	459	D 1
14	M W + R R T A I	MAINT	18	477	1 A
15	R R W + A R S E	ES	17	494	F 6
16	A R R R W + T F	FART	18	512	4 C
17	A R R W + L I L	DIA	13	525	D 9
18	L L R R W + E S	IRE	16	541	I 2
	L L R S W + D N	Rejet			
19	W G O ? L E N	(R)OULA	22	563	K 4
20	E G N W + L E R	ENLIE	21	584	2 A
21	G R W + E L T G	BENÊT	10	594	C 7
22	G G L R W + U A	ÉGALER	16	610	5 A
23	G L U W + B N S	BUS	16	626	12 A
24	G L N W + E K C	NECKS	17	643	O 4
25	G L W + A A D T	BÂTA	18	661	A 12
26	D G L W + U O N	TONDU	12	673	14 A
27	G L W + R (décomposé)	RÉ	4	677	G 8
		REG	4	681	G 8
		LI	3	684	L 1

	1	2	3	4	5	6	7	8	9	10	11	12	13	14	15
A	M	E			E	X	I	T				B	A	T	A
B	A	N			G		M		O	H		U		O	
C	I	L			A		B	E	N	E	T	S		N	
D	N	I	V	A	L		U		D	I	A			D	
E	T	E		R	E	L	E	V	O	N	S			U	
F				T	R	E	S		Y						
G		F						R	E	G					
H	P	R	O	J	E	T	A	I	S						
I		I	R	E		I									
J		P				Q		H							
K		A		R	O	U	L	A							
L	L	I		O	D	E	U	R							
M		S	U	C	E	Z		E							
N								M							
O				N	E	C	K	S							

Score du Premier : 644/684 94,15 %
Deuxième : 637 93,13 %
Troisième : 632 92,40 %

GRILLE N° 7

(3e partie du championnat du monde individuel jouée à Dakar
le 28 décembre 1990)

	1	2	3	4	5	6	7	8	9	10	11	12	13	14	15
A							*L*	*U*				*P*	*O*	**L**	*Y*
B						**V**	**O**	**T**	**E**	**R**	**A**	**I**		**I**	
C			*I*	*N*	*V*	*A*	*R*							**B**	
D			*L*	*I*	*E*	*N*	*S*					*D*		**E**	
E								*A*	*R*	*Q*	*U*	*E*		**R**	
F						*W*						**(G)**		**O**	
G						*U*			*D*	*O*	*G*	**A**	*T*	**S**	
H	*F*	*R*	*I*	*C*	*A*	*S*	*S*	*E*	*E*			**Z**			
I				*H*							*G*	**O**			
J				*L*		**E**	**D**	**I**	**T**	**I**	**O**	**N**	**N**	**E**	*E*
K				*E*							*I*	**N**			*M*
L			*T*	*U*				*J*			*M*	**A**			*P*
M			*E*	*H*				*U*				**T**		*F*	*A*
N			*C*	*E*	*R*	*A*	*M*	*B*	*(Y)*	*X*		*E*		*U*	*T*
O	*L*	*E*	*K*	*S*				*E*				*S*		*N*	*A*

REMARQUES : Un tiret précédant un tirage signifie que le reliquat a été rejeté, faute des deux consonnes ou des deux voyelles réglementaires lors des 15 premiers coups. Les Scrabbles sont indiqués en gras. La lettre représentée par un joker est entre parenthèses.

	Tirage	Mot retenu	Réf.	Points	Total
1	C E S A E S	CASSÉE	H 4	22	22
2	E + U L H K H W	WUS	6 F	32	54
3	E H H K L + E U	CHLEUHE	4 H	30	80
4	K + A O E T O C	TECK	3 L	46	130
5	A O O + T G D T	DOGAT	G 9	15	145
6	O T + N Z N A ?	**(G)AZONNÂT**	12 F	102	247
7	O G A M B L E	LEK	O 1	36	283
8	A B G M O + S I	LEKS	O 1	31	314
9	A B G I M O + R	GOÏM	11 I	24	338
10	A B R + I M X ?	CÉRAMB(Y)X	N 3	43	381
11	I + D N I E T E	**ÉDITIONNE**	J 6	66	447
12	A E S D E N E	DÉ(G)AZONNÂTES	12 D	44	491
13	– E M T A P I A	EMPÂTA	15 J	47	538
14	I + S R B L O E	**LIBEROS**	14 A	80	618
15	P E J I R U T	JUBÉ	8 L	63	681
16	I P R T + F Y O	P O L Y	A 12	54	735
17	F I R T + O E I	FRICASSÉE	H 1	42	777
18	E I O T + V R A	**VOTERAI**	B 6	74	851
19	F R N U R N U	FUN	14 M	23	874
20	N R R U + L V Q	QUE	E 10	20	894
21	L N R R V + I A	INVAR	C 3	26	920
22	L R + S I L N E	LIENS	D 3	30	950
23	L R + A U	LU	A 7	16	966
24	A R	ARQUE	E 8	12	978

AU PALMARÈS : Au **classement final** de ce championnat du monde individuel, ont figuré 88 joueurs dont 33 Français, 11 Belges, 2 Suisses, 1 Québecoise, 1 Luxembourgeoise et 3 Zaïrois. La liste des premiers, outre le haut niveau des scores, fait apparaître la domination des Français (sept joueurs dans les dix premiers).

Maximum : 4 542 points.

1er	Marc TREIBER (F)	4 510	99,30 %
2e	Christian PIERRE (B)	4 501	99,10 %
3e	Paul LEVART (F)	4 480	98,64 %
4e	Emmanuel RIVALAN (F)	4 464	98,28 %
5e	Philippe RUCHE (B)	4 450	97,98 %
6e	Vichet SUONG (F)	4 448	97,93 %
7e	Bruno BLOCH (F)	4 447	97,91 %
8e	Véronique KEIM (S)	4 446	97,89 %
9e	Jean-François LACHAUD (F)	4 439	97,73 %
10e	Richard MANGIN (F)	4 435	97,64 %

JUNIORS

1er Eric MAZOYER 4 379 96,41 %

CADETS

1er Antonin MICHEL (13 ans) 4 407 97,03 %

GRILLE N° 8

(1ère partie du championnat du monde par paires jouée à Dakar le 27 décembre 1990)

	1	2	3	4	5	6	7	8	9	10	11	12	13	14	15
A		C	O	M	T	A	T	S				**B**	E	K	E
B	B	A	N	A	U	X						**R**		H	
C	L					O						**A**	D	O	
D	E					N						**V**	E	L	**E**
E	T				A	S						**A**	Y		**M**
F					U							**I**			**I**
G	P				R		L	U	Z	I	**N**	**S**			**G**
H	E				I	W	A	N			**O**				**R**
I	L		V		F						**L**				**E**
J	A		I		I					P	**I**			J	**E**
K	R		G		E					U	**T**				
L	**D**	**E**	**N**	**R**	**E**	**E**	**S**			T	**I**	F			
M			O								**O**	R			D
N			T								**N**	A			U
O							**Q**	**U**	**E**	**T**	**S**	**C**	**H**	**E**	S

	Tirage	Mot retenu	Réf.	Points	Total
1	N Z A L I I W	IWAN	H 5	26	26
2	I L Z + R A U N	LUZIN	G 7	30	56
3	A R + V A I B S	**BRAVAIS**	12 A	95	151
4	H K E E L I G	BÉKÉ	A 12	45	196
5	G H I L + E E O	KHOL	14 A	32	228
6	E E G I + M R E	**ÉMIGRÉE**	15 D	83	311
7	I I O O L T ?	**NOLITIO(N)**	11 G	64	375
8	E M N D I R J	JE	14 J	50	425
9	– F F C R A U A	FRAC	12 L	37	462
10	A F U + D E R I	AURIFIE	5 E	40	502
11	D + E S E E R N	**DENRÉES**	L 1	81	583
12	A C X S N O M	AXONS	6 A	36	619
13	C M + O S T U T	COMTATS	A 2	36	655
14	U + Q A A E N H	ANAUX	B 2	43	698
15	E H Q + ? U S E	**QUE(T)SCHE**	O 7	115	813
16	E D A L P R G	PELARD	1 G	27	840
17	D G + T Y S U D	DUS	15 M	72	912
18	D G T Y + I P E	DEY	13 C	52	964
19	G I P T + T V U	PUT	10 J	29	993
20	G I T V + T O B	VIGNOT	3 I	28	1021
21	B T + E L M N	BLET	1 B	24	1045

CLASSEMENT FINAL

[64 paires] Maximum : 3 880 points.

1er	Marc TREIBER - Thierry CHINCHOLLE	3 859	99,46 %
2e	Bruno BLOCH - Véronique KEIM	3 856	99,38 %
3e	Pascal FRITSCH - Christian AMET	3 843	99,05 %

CHAPITRE VII

PROBLÈMES DE CHAMPION

Avec MICHEL PIALAT
Champion de France par paires 1976

Le Scrabble se prête, comme nous l'avons vu, à des problèmes assez différents. Les compositions ingénieuses suivantes en apportent le témoignage. Elles sont toutes inédites et sont dues à Michel Pialat, premier champion de France par paires en 1976 (avec Jean-Michel Jouannet). Ces problèmes ont été classés par ordre de difficulté. Il est donc recommandé de s'y attaquer en suivant l'ordre dans lequel ils sont donnés. Volontairement, les solutions et leurs commentaires ne figurent pas au voisinage des données. Vous les trouverez plus loin (p. 84). Ne les consultez pas trop tôt!

PENTA-SCRABBLE

On dispose de cinq « mains » (ou distributions) de sept lettres. Chaque main permet de réaliser à chaque coup un ou plusieurs Scrabbles (anagrammes). Les coups doivent être joués dans l'ordre donné. Autrement dit, il faut avoir employé les 7 lettres du premier coup avant de pouvoir passer au second et ainsi de suite. Si plusieurs Scrabbles sont possibles, on choisira celui qui peut être le plus « profitable » pour un coup ultérieur. Il n'est donc pas toujours nécessaire de réaliser le maximum de points à chaque coup.

Le but du jeu est d'obtenir, en additionnant les scores des cinq coups, le plus fort total. N'oubliez pas d'ajouter les 50 points de bonification pour chaque Scrabble.

PROBLÈME N° 1

1 A C E H I M N
2 A A B I L M V
3 C E E O P R ?
4 A E K L R V Y
5 J O T U X Z ?

Le score a obtenir dépasse 1 000 points.

PROBLÈME N° 2

Imaginons maintenant un tirage où toutes les lettres chères sortiraient dans les cinq premiers coups. Tel est le cas de ce problème. La difficulté ne réside plus ici dans le choix du mot à composer avec les sept lettres. Il n'y a qu'une seule possibilité de Scrabble (pas d'anagrammes). En revanche, le placement judicieux des lettres chères doit vous permettre d'obtenir un total important de points : 1 159 points en cinq coups : un record à battre avec des mots excluant les formes conjuguées des verbes (seuls sont acceptés ici les participes passés).

1 A B E E J M N
2 A H M P U X Y
3 A G I O Q R U
4 A E L L M S W
5 E H K O S V Z

FINS DE PARTIE

On dispose de 35 lettres notées dans un ordre donné. Vous prenez les sept premières, avec lesquelles vous vous efforcez de faire le maximum de points, comme dans une partie duplicate normale.

Entre deux solutions qui font le même nombre de points, vous choisissez le mot qui emploie le plus de lettres. A égalité de points et de lettres, vous choisissez le mot qui « ouvre » le plus le jeu.

Deux cas sont à envisager pour le deuxième coup :

- s'il y a Scrabble au premier coup, vous prenez pour le second les sept lettres suivantes (de la 8e à la 14e de la liste) ;
- si vous ne faites pas de Scrabble au premier coup, vous prenez le complément à sept pour le second. Par exemple, si au premier coup vous posez un mot de 4 lettres, il vous en restera 3. Au second coup, vous prendrez les 8e, 9e, 10e et 11e lettres de façon à avoir à nouveau sept lettres en main. Et ainsi de suite jusqu'à épuisement de toutes les lettres.

A la fin de la partie, lorsqu'il reste 4 lettres ou moins, vous pouvez les jouer « en décomposé », c'est-à-dire les placer l'une après l'autre, le but étant de faire le plus de points possible avec ces 4 lettres ou moins. Donc ici, à la différence des problèmes de PENTA-SCRABBLE où il faut chercher à obtenir le plus fort total final, vous devez, *pour chaque coup,* rechercher le maximum de points.

PROBLÈME N° 1

B A R M U E R A C F Q O O O V E Y ? E N E B H U F A L E ?
L A N O X I K

	1	2	3	4	5	6	7	8	9	10	11	12	13	14	15
A											C				
B											O				
C										O	R	T	E	I	L
D					U			H	A	R	D	E			
E					S						E				
F				D	E	P	U	L	P	A	S				
G					R				I				M		
H				J	A	L	E	S					I		
I				U	S		T	I	N	T	E	N	T		
J		Z	I	G									I		
K				E	U								G		
L				A	N			W	O	R	M	I	E	N	S
M		D	E	S									A		
N	V	E	T										T		
O															

PROBLÈME N° 2

E H I L O ? T A S U Q A E N R P T X S D E ? A M E I K L S U G N I S M

	1	2	3	4	5	6	7	8	9	10	11	12	13	14	15
A		W						D							
B		E				G		I							
C		B	I	S	E	A	U	T	A	T					
D	J	E		U		L		O		U					
E	O	R		R	H	O				R					
F	V			F	A	N				C					
G	I				I										
H	A			P	R	E	N	D	S						
I	L	A			E			E							
J		E			Z			C							
K		R						A							
L		O						V							
M		N						E	M	B	O	U	T	I	E
N		E				Y	E	N						L	
O		F						T							

PROBLÈME N° 3

T M O P E R N U R O R C E Z X A T M U I P L ? S E L A W E O O
Y U R ?

	1	2	3	4	5	6	7	8	9	10	11	12	13	14	15
A								T							
B								R							
C								A							
D			T	O	C	S		F							
E	A	H			H	E		I	L		G		V		
F		A	M	I	E	S		Q	U	A	R	T	I	D	I
G					N			U		N	E	U	F		
H				V	I	G	N	E							
I					L			S	I	S	E				
J				A	L	E									
K					E									B	
L					S	A	N	D	J	A	K			E	
M						N			E		I			B	
N						E					D	O	T	E	
O															

PARTIES DE 14 SCRABBLES

Ces parties ne comportent que des Scrabbles. Lorsqu'il y a plusieurs possibilités de Scrabbles, on choisira bien sûr celui qui rapporte le plus de points. A égalité de points, le choix se portera sur le mot qui « ouvre » le plus le jeu.

En fin de partie, il ne reste que quatre lettres. On appliquera le règlement international de l'époque, c'est-à-dire qu'on pourra jouer les coups « en décomposé », le but étant de faire le maximum de points avec ces quatre dernières lettres. Aujourd'hui, le « décomposé » n'existe plus. (Le total final avoisine ou dépasse 2 000 points).

1re PARTIE

Tirage

1	A	G	I	L	O	R	S
2	E	E	I	L	N	R	V
3	C	E	I	O	R	U	Z
4	A	C	E	M	N	O	S
5	E	E	M	N	Q	S	U
6	D	E	E	I	I	N	U
7	A	D	E	G	J	L	S
8	A	D	E	H	R	T	Y
9	E	H	I	N	P	X	?
10	A	E	F	I	R	S	U
11	A	A	K	M	O	T	W
12	E	E	O	R	T	U	V
13	A	A	B	L	L	T	?
14	E	F	I	N	O	S	T
15	B	P	T	U			

2e PARTIE

Tirage

1	A	D	E	H	L	O	P
2	A	B	B	I	L	N	U
3	A	G	J	L	S	U	U
4	E	E	I	M	N	R	X
5	E	I	I	M	O	P	T
6	E	E	H	O	S	S	T
7	A	E	E	I	N	R	T
8	E	E	M	Q	R	T	U
9	A	A	I	K	S	T	V
10	C	E	I	L	S	U	V
11	A	D	N	O	S	Y	?
12	C	E	E	F	F	O	R
13	G	I	N	O	R	W	?
14	A	E	E	L	T	U	Z
15	A	D	N	R			

3e PARTIE

Tirage

1	C	E	H	J	N	O	R
2	H	I	M	O	P	R	T
3	A	E	F	I	M	R	U
4	E	E	E	F	I	R	S
5	E	E	I	P	R	S	T
6	B	E	E	G	I	N	T
7	C	N	O	O	O	S	Y
8	E	E	R	S	T	W	?
9	E	I	L	N	T	U	Z
10	A	E	L	L	S	U	U
11	A	E	I	M	N	O	?
12	A	D	G	N	U	U	X
13	A	A	E	L	Q	S	V
14	A	A	A	B	I	T	V
15	D	D	K	L			

4e PARTIE

Tirage

1	A	B	E	R	S	U	V
2	C	I	M	O	O	S	T
3	I	I	L	L	M	U	U
4	A	I	N	N	S	T	U
5	E	I	O	P	T	T	U
6	A	E	E	H	L	P	T
7	A	E	E	F	I	R	T
8	C	H	I	N	R	Y	?
9	E	E	G	I	L	L	S
10	A	A	D	E	R	R	W
11	A	A	D	E	F	N	Z
12	E	E	E	G	N	O	S
13	A	D	J	K	N	S	?
14	E	M	O	R	U	V	X
15	B	E	O	Q			

5e PARTIE

Tirage

1	E	E	F	G	I	I	L
2	A	C	E	M	N	O	P
3	A	A	H	I	L	S	U
4	A	A	C	D	H	I	N
5	A	I	N	O	R	S	?
6	A	E	I	K	M	S	T
7	B	G	I	N	O	R	W
8	A	D	E	E	M	Q	U
9	N	O	R	S	T	U	V
10	B	E	F	O	R	S	U
11	A	E	R	T	T	U	X
12	D	E	E	E	L	L	T
13	E	I	P	S	Y	Z	?
14	E	E	J	L	N	O	V
15	E	R	T	U			

CHAPITRE VIII

LEXIQUE

Nous avons déjà vu un certain nombre de mots courts comportant des lettres chères (p. 18) ; le Lexique complète cette liste sans prétendre l'épuiser. En effet, il y a toutes les ressources données par la conjugaison des verbes. On doit penser également à l'emploi occasionnel de mots de plus de 7 lettres, composés en s'appuyant sur des lettres déjà posées sur la grille.

Une autre partie du Lexique est consacrée à des mots pouvant être obtenus par l'adjonction d'une seule lettre, initiale ou finale. Là encore, la liste pourra être complétée.

Enfin, il est utile de bien connaître la liste exhaustive des mots courts, composés de 2 ou 3 lettres. l'O.D.S. (1990) permet d'obtenir 73 « 2 lettres » et 507 « 3 lettres ».

MOTS DE 2 LETTRES

AH
AI
AN
AS
AU
AY

BI
BU

CA
CE
CI

DA
DE
DO
DU

EH
EN
ES
ET
EU

FA
FI

GO

HA
HÉ
HI
HO

IF
IL
IN

JE

KA

LA
LE
LI
LU

MA
ME
MI
MU

NA
NE
NI
NÔ

NU

OC
OH
ON
OR
OS
OU

PI

PU

RA
RÉ
RI
RU

SA
SE

SI
SU

TA
TE
TU

UN
US

U

VA
VÉ
VS
VU

WU

XI

MOTS DE 3 LETTRES

ACE
ADO
AGA
AGE
AGI
AIE
AIL
AIR
AIS
AIT
ALE
ALU
ÂME
AMI
ANA
ÂNE
ANS
API
ARA
ARC
ARE
ARS
ART
ASE
AUX
AVE
AXA
AXE
AYS

BAC
BAH
BAI
BAL
BAN
BAR
BAS
BAT
BAU
BÉA
BEC
BÉE
BEL
BEN
BER
BEY
BIC
BIP
BIS
BIT
BLÉ
BOA
BOB
BOF
BOG
BOL
BON
BOP
BOT
BOX
BOY
BRU
BUE
BUG
BUN
BUS
BUT
BYE

CAB
CAF
CAL
CAP
CAR
CAS
CEP
CES
CET
CHU
CIL
CLÉ
COB
COI
COL
CON
COQ
COR
COU
CRI
CRU
CUL

DAB
DAL
DAM
DAN
DAO
DAW
DEB
DER
DES
DEY
DIA
DIS
DIT
DIX
DOL
DOM
DON
DOS
DOT
DRU
DRY
DUC
DUE
DUO
DUR
DUS
DUT

EAU
ÉCU
EGO
ÉLU
ÉMU
ÉON
ÉPI
ÈRE
ERG
ERS
EST
ÊTA
ÉTÉ
EUE
EUH
EUS
EUT
EUX

FAC
FAN
FAR
FAT
FÉE
FER
FEU

FEZ
FIA
FIC
FIE
FIL
FIN
FIS
FIT
FLA
FOB
FOC
FOI
FOL
FOR
FOU
FOX
FUI
FUN
FUR
FUS
FUT

GAG
GAI
GAL
GAN
GAP
GAY
GAZ
GEL
GIN
GIS
GÎT
GLU
GOÏ
GON
GOS
GOY
GRÉ
GUÉ
GUI
GUS
GYM

HAÏ
HAN
HEM
HEP
HEU
HIA
HIC
HIE
HIP
HIT
HOP
HOT
HOU
HUA
HUE
HUI
HUM

ICI
IDE
IFS
ÎLE
ILS
ION
IRA
IRE
IVE

JAN
JAR
JAS
JET
JEU
JOB
JUS

KAN
KAS
KHI
KID
KIF
KIL
KIP
KIR
KIT
KOB
KOT
KSI

LAC
LAD
LAI
LAO
LAS
LEI
LEK
LEM
LES
LET
LEU
LEV
LEZ
LIA
LIE
LIN
LIS
LIT
LOB
LOF
LOG
LOI
LOS
LOT
LUE
LUI
LUS
LUT
LUX
LYS

MAC
MAI
MAL
MAN
MAO
MAS
MAT
MEC
MER
MES
MET
MIE
MIL
MIN
MIR
MIS
MIT
MOB
MOI
MOL
MON
MOT
MOU
MUA
MUE
MUR
MUS
MUT
MYE

NÉE
NEF
NÉS
NET
NEZ
NIA
NIB
NID
NIE
NIF
NIT
NOM
NON
NOS
NUA
NUE
NUI
NUL
NUS

OBI
ODE
OFF
OHÉ
OHM
OIE
OÏL
OKA
OLÉ
ONC
ONT
OPE
ÖRE
ORS
OSA
OSE
OST
ÔTA
ÔTE
OUF
OUI
OUT
OVE
OXO
OYE

PAF
PAL
PAN
PAR
PAS
PAT
PEC
PEP
PET
PEU
PFF
PHI
PIC
PIE
PIF
PIN
PIS
PIU
PLI
PLU
POP
POT
POU
PRÉ
PRO
PSI
PST
PSY
PUA
PUB
PUE
PUR
PUS
PUT
PUY

QAT
QUE
QUI

RAB
RAD
RAI
RAS
RAT
RAY
RAZ
RÉA
RÉE
REG
REM
REZ
RHÉ
RHÔ
RIA
RIE
RIF
RIO
RIS
RIT
RIZ
ROB
ROC
ROI
ROM
ROS
ROT
RUA
RUE
RUS
RUT
RUZ
RYE

SAC
SAÏ
SAL
SAR
SAS
SEC
SEL
SEN
SEP
SES
SET
SIC
SIL
SIR
SIS
SIX
SKA
SKI
SOC
SOI

SOL	TEC	TOP	VAN	WAX
SON	TEE	TÔT	VAR	WON
SOT	TEK	TRI	VAS	WUS
SOU	TEL	TUA	VAU	
SPI	TEP	TUB	VER	YAK
SUA	TER	TUE	VÉS	YEN
SUC	TES	TUF	VÊT	YIN
SUD	TÊT	TUS	VIA	YOD
SUE	TEX	TUT	VIE	
SUR	THÉ		VIF	ZÉE
SUS	TIC	UNE	VIL	ZEN
SUT	TIF	UNI	VIN	ZIG
	TIN	UNS	VIS	ZIP
TAC	TIR	URE	VIT	ZOB
TAN	TOC	USA	VOL	ZOÉ
TAO	TOI	USE	VOS	ZOO
TAS	TOM		VUE	ZOU
TAU	TON	VAL	VUS	ZUT

AVEC UNE INITIALE

Précédé d'une seule lettre un mot comme AGE peut devenir **C**AGE, **G**AGE, **M**AGE, **N**AGE, **P**AGE, **R**AGE, **S**AGE. Il est des cas où cette possibilité d'adjonction d'une initiale n'est peut-être pas aussi évidente. Ainsi, ANCHE peut être préfixé non seulement par H, M ou T, mais aussi par B, C ou R. Voici quelques autres exemples. Il suffit de faire précéder le mot de la lettre indiquée pour en obtenir un autre.

ABÉE	**A**FOCAL	**A**LINÉAIRE	**A**MOME
BOT	GALAXIE	MATIR	MOUILLER
CLINIQUE	LIGOTÉ	MENTALE	MURER

APIQUER
ROBE

BAIL
AILE
AILLER
ANCHE
AU
ÉCHE
ENJOINS
LASER
LÉSER
OUTRE
RADER
RANCHE
RAYER
RÉSILLE
ROQUETTE
ROUSSIN
RUANT
RUCHE
UVÉE

CABOT
ABUS
ACTÉES
ALLEUX
ARABE
ERS
HALOIR
HOIR
HORION
IGUE
IVE
LAQUEUR
LISSER
LOUP
ONQUES
OPTE
OUCHE
OURSON
RASE
RASH
ROUPIE

DAGUETS
AINE
ÉCURIE
ÉLITE
ÉTIRER
IODE
ONC
ORAGE
RAGUER
RAYER
RÊCHE
RIVER
ROSSER

ÉBONITE
BOURRER
BRANCHER
BRASER
CACHER
CANGUE
CHIFFRE
CLISSER
GUEULER
NOUER
PACTE
PAR
PINCER
QUILLE
SCAROLE
TAU
VENTAIL

FALUN
ANA
ÉCALE
ELLE
ÉVIER
ION
LAPI
LET
LOCHE
LOUVE
LUTER
LUTTER

FONCE
RAYÈRE

GALLE
ALLO
LABRE
LABELLE
LAPIS
NOME
RADIENT
RAINER
RÉCITÉ
RIPPER

HILOTE
ACHE
ANSE
ART
AUSSIÈRE
ERSE

ILIEN
SABELLE

JABLE
ABOT
ALE
ANTE
ARGON
ASPE
AUGÉE
ÉTAGE
OTA

LAICHE
AMIE
AQUEUX
IMAN
OUCHE

MACRE
AMOURS
ANA
ÂNES

MANSE
ANTE
ANTIQUE
ARGOT
ASQUE
ASSETTE
MÈCHE
ÉTHANE
ÉTHANOL
ÉTHYLE
ONDÉE

NABOT
AVICULE
ÉOGÈNE
ONCE
OYAT
OVE

OCELLE
CREUX
MICRON
PÂQUE
RILLONS
ROBE
SCILLE
SEILLE
VALISE

PAILLER
AISSEAU
ALMÉE
ALPE
ANTE
ANTENNE
ANTHÈRE
ASTIS
AVENT
ÉDICULE
ENTURE
ÉON
ÉRIGÉE
ERRÉ
ÉTIOLE

PHASE
ÎLOT
ILOTE
LACET
LAID
LÈVRE
LION
ORQUE
RAIRE
RECÉDER
ROSTRE
ROTE
RUINE

SÉPIA
ÉTIER
HUNTER
LAVE
MALT
ORBE

SPIC
PICA
PIN
TALLE
TÉLÉ
TERNE
TOUT
TROMBE
VELTE

TAILLAGE
APIS
ARDILLON
ASSEAU
ASSETTE
CHÈQUE
ERSE
HALLE
HERMÈS
ISSUE

TORE
ORQUE
RACAGE
RACER
RAILLE
RAINER
RAYON
REFONDS
RIPAILLE
ROCHE

UBAC
NIÂTES (nier)
PAS

VACUITÉ
AGIR
AIGRE
AISSEAU
AISSELLE

VÂNESSE
ARA
ÉLITE
ENTAILLE
ERSEAU
IGNÉ
ULVE

WALLONS

XÈRES

YEUX
OLÉ
PÉRÎTES (périr)
PRÉAU

ZEST
ESTER
ÊTA
IGUE

AVEC UNE FINALE

Les mots qui, par l'adjonction d'une seule lettre finale, donnent des mots tout différents sont plus nombreux qu'on ne l'imagine. On gagne à en connaître le plus possible. La liste suivante en donne des exemples choisis parmi ceux ne venant pas nécessairement aussitôt à la pensée.

Plutôt que de les lire, on se les remémorera plus facilement en les « découvrant ». Il suffit de cacher la seconde colonne et de chercher la bonne lettre à ajouter à chacun. (La lettre « v. » suivant certains mots indique qu'il s'agit d'une forme verbale.)

ACTE	**fait**	ACTÉE	ANGLE	**fait**	ANGLET
AIGRI		AIGRIN	ARE		AREC
AIS		AISY	ARSIN		ARSINE
ALE		ALEM	ATTIFE		ATTIFET
ANA		ANAR	AVE		AVEN
ÂNE		ANEL	AVEN		AVENU
ANGLAISE		ANGLAISER v.	AVIS		AVISO

BAIL	**fait**	BAILLE
BALLE		BALLER v.
BAR		BARD
BARRE		BARREL
BAT		BATH
BATI		BATIK
BAU		BAUD
BÊTE		BÉTEL
BÊTISE		BÊTISER v.
BISE		BISET
BISSE		BISSEL
BITTE		BITTER
BLANCHE		BLANCHET
BOGUE		BOGUET
BORA		BORAX
BOULET		BOULETÉ
BOULIN		BOULINE
BRÉSILLE v.		BRÉSILLET
BROU		BROUT
CAGE		CAGET
CAL		CALO
CARAT		CARATE
CARDER v.		CARDÈRE
CAS		CASH
CAVE		CAVET
CHAMP		CHAMPI
CLIC		CLICK
CISELÉ v.		CISELET
CLOU		CLOUP
COCHE		COCHET
CODE		CODEX
CORNA v.		CORNAC
COSSE		COSSER v.
COUVAI v.		COUVAIN
CRAC		CRACK
CRIS		CRISS
DÉCA		DÉCAN
DÉCRUE		DÉCRUER v.
DÉLIÉ		DÉLIEN
DÉLIT		DÉLITÉ v.
DÉMODÉ		DEMODEX

DÉPUTÉ	**fait**	DÉPUTER v.
DON		DONA
DOUCIN		DOUCINE
DOUM		DOUMA
DRILL		DRILLE
DUIT		DUITE
ÉCROU		ÉCROUI
ÉPIEU		ÉPIEUR
ERS		ERSE
ÉTABLE		ÉTABLER v.
FAN		FANA
FARCI		FARCIN
FAUCHE		FAUCHET
FER		FERA
FILLE		FILLER
FINIS		FINISH
FIS		FISC
FRIT		FRITZ
FROMAGE		FROMAGÉE
FUGUE		FUGUER v.
GAG		GAGA
GAL		GALA
GAMET		GAMÈTE
GIRON		GIROND
GLU		GLUI
GRASSE		GRASSET
GUÈRE		GUÉRET
GUET		GUÈTE
HAÏ		HAÏK
HENNI		HENNIN
HORS		HORST
KARMA		KARMAN
LAD		LADY
LAMIE		LAMIER
LÉGAT		LEGATO

LENT **fait**	LENTO
LÈGE	LÉGER
LÉOPARD	LÉOPARDÉ
LEVRETTE	LEVRETTÉE
LIE	LIED
LIÈGE	LIÉGÉE
LISTE	LISTEL
LOCH	LOCHE
LOUCHE	LOUCHET
LOUVE	LOUVER v.
	LOUVET
MAI	MAIE
	MAIL
MAT	MATH
MÉDIA	MÉDIAT
MET v.	MÉTA
MICRO	MICRON
MULET	MULETA
MURE	MUREX
MUSELÉ	MUSELET
NANA	NANAN
NASARD	NASARDE
NICHE	NICHET
NON	NONE
POUSSA v.	POUSSAH
PROTE	PROTÉE
	PROTET
PU v.	PUY
OCTANT	OCTANTE
ON	ONC
ONC	ONCE
ÖRE	ORÉE
PAGE	PAGEL
PAILLE	PAILLET
PANA v.	PANAX
PARE	PARÉO
PARER	PARÈRE
PARIA	PARIAN

PARTIT v. **fait**	PARTITE
PATI v.	PATIO
PATTE	PATTÉE
PÉCHER	PECHÈRE
PELLE	PELLER v.
	PELLET
PERSE	PERSEL
PESO	PESON
PÉTRÉ	PÉTREL
PEU	PEUH
PEUH	PEUHL,E
PHALANGE	PHALANGER
PHOT	PHOTO
PHOTO	PHOTON
PIAN	PIANO
PIC	PICA
PILA v.	PILAF
	PILAU
	PILAW
PILE	PILET
PIPI	PIPIT
PIS	PISÉ
PLACE	PLACET
POIS	POISE
POLI	POLIO
POT	POTU,E
POU	POUF
	POUR
QUART	QUARTER v.
	QUARTO
	QUARTZ
RABAN	RABANE
RABBI	RABBIN
RACE	RACER
RAI	RAÏA
	RAID
RADE	RADER v.
RANCH	RANCHE
	RANCHO
RAS	RASH
RATE	RATEL
RATIO	RATION

RA	fait	RAZ
RECTA		RECTAL
RÉNETTE		RÉNETTER v.
RÊVER v.		REVERS
REVERS		REVERSI
RHUME		RHUMER v.
RHUM		RHUMB
ROBE		ROBER v.
ROGUE		ROGUÉE
ROMANE		ROMANÉE
ROND		RONDO
RONDE		RONDEL
ROUA v.		ROUAN
RUS		RUSH
RU		RUZ
SACHE v.		SACHÉE
		SACHEM
		SACHET
SALE		SALEP
SAPIN		SAPINE
SAURE v.		SAURET
SCALPE v.		SCALPEL
SCRIPT		SCRIPTE
SEIN		SEINE
		SEING
SEL		SELF
SEP		SEPT
SERINGA		SERINGAT
SERRA		SERRAN
SERT v.		SERTE
		SERTI v.
SIL		SILO
SIRE		SIREX
SMALA		SMALAH
SOLE		SOLEN
SOLI		SOLIN
SOUCHE		SOUCHET
SOU		SOUE
		SOUK
SPART		SPARTE
SPIC		SPICA
STRAS		STRASS
SUBIT		SUBITO

SUCRAS v.	fait	SUCRASE
SUITE		SUITÉE
SUPER		SUPÈRE
TANGO		TANGON
TARE		TARET
TARI		TARIN
TARO		TAROT
TAROT		TAROTÉ
TARTAN		TARTANE
TAU		TAUD
TE		TEE
TÉLÉ		TÉLEX
TEL		TELL
TORE		TORÉE v.
TOTO		TOTON
TRAC		TRACT
TRAM		TRAMP
TRIER		TRIÈRE
TRINQUE		TRINQUET
TRIQUE		TRIQUET
TROCHE		TROCHÉE
TROLL		TROLLE
TROLLE		TROLLEY
TROP		TROPE
TROQUE		TROQUET
TROTTIN		TROTTING
TRUC		TRUCK
TUNE		TUNER
TURC		TURCO
TURNE		TURNEP
VA		VAU
VAR		VARA inv.
VÊLE v.		VELET
VÉLO		VELOT
VIDE		VIDÉO
VIVRE		VIVRÉE
VOIR v.		VOIRE
ZEN		ZEND
ZONA		ZONAL
ZOO		ZOOM

MOTS EMPLOYANT DES LETTRES CHÈRES

Nous avons vu (p. 18) tout l'intérêt qu'il y avait à connaître des mots comportant des lettres dotées d'un fort coefficient (8 ou 10 points). Une simple lecture de la liste suivante en remettra en mémoire bon nombre et en fera découvrir d'autres d'un emploi moins courant. Auparavant, vous trouverez un rappel des mots, assez peu nombreux, comportant 3 lettres chères. Pour les autres, les mots courts ayant déjà été donnés, la liste ne comprend que des mots de plus de 4 lettres. Elle est purement indicative et peut être complétée au fur et à mesure des trouvailles. Bien des champions se constituent d'ailleurs un petit lexique personnel de mots rares qui, gardés en mémoire, peuvent à l'occasion se révéler utiles.

MOTS A 3 LETTRES CHÈRES

ANKYLOSEZ
ASPHYXIEZ
DÉSOXYDEZ
ENKYSTEZ
EXPLIQUEZ
EXTORQUEZ
EXTRAYEZ
JAZZ
JOCKEY
JOUJOUX
JOYAUX
JOYEUX
JOUXTEZ
JOINTOYEZ
JUNKY
KAYAK
KLAXONNEZ
KYMRIQUE
KYSTIQUE
OXYDEZ
OXYGÉNEZ
PEROXYDEZ
QUARTZEUX
SUROXYDEZ
SYNDIQUEZ
TAXIWAY
WALKYRIE
WHISKEY
WHISKY
ZAWIYA
ZWIEBACK
ZYKLON
ZYMOTIQUE

MOTS A UNE OU 2 LETTRES CHÈRES

Faciles à trouver dans le dictionnaire, ont été éliminés les mots ayant pour initiale une lettre à fort coefficient à moins que le mot n'en comporte une autre. De même n'ont pas été retenus les mots d'emploi très courant, comme beaucoup de ceux dans lesquels la lettre à fort coefficient fait partie d'un groupe de lettres fréquent :

maJ, enJ, deJ, Que, Qui, iQue, eX, euX, auX, hY, sY, polY, aZ, gaZ, eZ, etc. Par ailleurs, un mot du Lexique rappellera d'autres dérivés. (L'astérisque en signale quelques-uns).

ABOULIQUE
ABJECT
ABYSSE
ACRYLIQUE
ADMIXION
ADIPOLYSE
AEPYORNIS
AÉRODYNE
AFRIKAANS
AFRIKANER
AGALAXIE
AJOINTER
AKÈNE
AKINÉSIE
AKKADIEN
ALCARAZAS
ACOLYTE
ALCYNE
ACYON
ALEXIE
ALEZAN
ALGAZELLE
ALGUAZIL
ALIZARI
ALIZARINE
ALIZÉ
ALLYLE
ALOYAU
ALPAX
ALYSSE
ALYSSON
AMAZONITE
AMBLYOPE
AMYLACÉ,E
AMYLASE
AMYLE
ANATOXINE
ANHYDRE
ANKYLOSE*
ANNEXITE
ANORAK
ANTONYME
APHYLLE
APRAXIQUE
APYROGÈNE
ARGYROSE
ARKOSE
ARROYO
ARYLE
ASKARI
ATARAXIE
ATAXIE*
ATHYMIE
AUTOLYSE
AUTONYME
AUXINE
AXILE
AXONE
AXONGE
AZÉROLE*
AZILIEN
AZIMUT*
AZOÏQUE
AZOTATE
AZOTÉE*
AZOTURIE
AZTÈQUE
AZULEJO
AZURER
AZYGOS
AZYME

BAJOYER
BAJOCIEN
BAKCHICH
BAKÉLITE
BALBUZARD
BALÈZE
BALTHAZAR
BALZAN
BANJO
BARAKA
BARBOUZE
BARYTE
BARYTON
BARZOI
BAZARDE
BAZOOKA
BAZOU
BEATNIK
BENZÈNE*
BENZOL*
BENZYLIQUE
BERKELIUM
BERYLLIUM
BÉTYLE
BICKFORD
BIFTECK
BIKINI
BILHARZIE*
BINTJE
BIOXYDE
BIZUT*
BLACK
BLAZE
BLAZER
BLIZZARD
BOMBYX
BOOKMAKER
BORAX
BOWLING
BOYARD
BOYCOTTER
BRADYPE
BRANDY
BRAYER v. et n.
BREAK
BRETZEL
BRICK
BRIZE
BRONZER*
BROOK
BROWNING
BRYONE
BULLDOZER
BUNGALOW
BUNKER
BYSSUS
BYZANTIN*

CACAOYER
CAJET
CALOYER
CANYON
CANZONE
CAPEYER
CARROYER
CAT(T)LEYA
CAYEU
CHALAZE
CHAPSKA
CHEBEK
CHEIK(H)
CHERRY
CHIBOUK
CHINTZ
CHOKE
CHORIZO
CIPAYE
CLAYÈRE
CLICK
CLIMAX
CLINKER
CLOYÈRE
COCKER
COCKPIT

COCKTAIL
CODEX
COKERIE*
COLBACK
COLLEY
COLLYRE
CONDYLE
COMITADJI
COQUETEL
COROZO
CORTEX
CORYZA
COXAL
COYAU
CRACK*
CRÉSYL
CRICKET
CRYOGÈNE
CRYPTE
CYANOSE*
CYCLANE
CYTISE
CYPHOSE

DECHAUX
DÉGAZONNER*
DÉGAZOLINER
DÉJUCHER
DÉMODEX
DÉNOYER*
DÉRAYER*
DERBY
DERNY
DERRICK
DEWATTÉE
DIKTAT
DINGHY
DIZAIN*
DJEBEL
DJINN

DONAX
DONZELLE
DOUZE*
DRAKKAR
DRAWBACK
DRAYER
DUPLEX
DYADE
DYNASTE*
DYSLEXIE
DYSPNÉE
DYSURIE
DYTIQUE

ECZÉMA-
MATEUX*
EDELWEISS
ÉJOINTER
ELZÉVIR
EMPYÈME
EMPYRÉE
ENKYSTER
ENDYMION
ENJUGUER
ENZOOTIE
ENZYME*
ÉPIPHYTE
ÉPISTAXIS
ÉPIZOOTIE*
ÉPONYMErER-
SATZ
ÉTHYLEO
EUTEXIE
EVZONE
EXEDRE

FAKIR
FALZAR
FASEYER
FAYARD
FAYOT
FAZENDA
FEDDAYIN
FELDWEBEL
FILANZANE
FIXER*
FJORD
FLYSCH
FOLKLORE*
FOXÉ
FREEZER
FREUX
FRITZ

GAIZE
GAMAY
GAYAL
GAZER*
GAZODUC*
GAZON*
GAZOUILLER*
GECKO
GENTRYGEYS-
ER
GINKGO
GLYPHE
GOPAK
GOUJON*
GOYAVE
GRIZZLI
GRYPHÉE
GUPPY
GUZLA
GYMKHANA
GYPSE*
GYRIN

HADDOCK
HAIKU
HALOPHYTE
HAPAX
HARKI
HARDWARE
HAWAI(I)EN
HECTOPIEZE
HÉLIX
HÉMOLYZE
HENRY
HERTZ*
HOXOSE
HICKORY
HOCKEY
HOPAK
HORIZON
HOYAU
HYALIN,E
HYALITE
HYDNE
HYDRAZINE
HYDRIE
HYDROGEL
HYDRURE
HYGROMA
HYOIDE
HYPÉRON
HYPHE
HYPOCRAS
HYPOGÉ,E
HYPOGÉÏDE
HYSOPE

ICHTYOL
IMPLEX
INFIXE
INFLUENZA
INJURE
INOCYBE
INTERVIEWER
INTERLOCK
IRAKIEN ou
IRAQ(U)IEN
ISOHYPSE
IXODE

JAYET
JENNY
JEREZ
JERSEY
JOCKEY

JOCKO
JUDOKA
JUNKER
JOKER

KABYLE
KARMAN
KAMIKAZE
KÉPHYR
KIBBOUTZ
KOLKHOZ,E
KOUMYS
KLYSTRON
KONZERN
KREUZER
KRYPTON
KYMRIQUE
KYRIELLE
KYSTIQUE

LAIZE
LAKISTE
LAMPYRE
LANDWEHR
LAPIAZ
LASTEX
LAXISME
LAYON
LAZARET
LAZZARONE
LÉZARD*
LINKS
LLOYD
LOBBY
LORRY
LUZERNE
LUZULE
LYCAON
LYCÈNE
LYCHNIS
LYCOPE
LYCOSE
LYDDITE
LYDIEN,NE
LYSINE

MAGHZEN
MAGYAR,E
MAJOLIQUE
MAJORAL
MAKILA
MAMEL(O)UK
MARKETING
MARXISME
MAXILLE
MAXWELL
MAYEUR
MAZETTE
MAZOUT*
MAZURKA
MEIJI
MERZLOTA
MÉTHYLE
MIKADO
MOLESKINE
MOYETTE
MOUJIK
MOZABITE
MOZETTE
MUEZZIN
MUREX
MYALGIE
MYCÉLIEN
MYÉLINE
MYÉLITE
MYGALE
MYOME
MYOSIS
MYROSINE
MYRTE
MZABITE

NANKIN
NANSOUK
NARTHEX
NAVAJA
NAZISME
NÉODYME
NEWTON*
NICKEL*
NIZAM
NURSERY
NYMPHE
NYLON
NYMPHÉA

OKAPI
OKOUMÉ
ONYXIS
ONZAIN
OPHRYS
OSTYAK
OUKASE
OUTLAW
OUZBEK
OXACIDE
OXALATE
OXALIDE
OXAMIDE
OXALIS
OXFORD
OXYDANT,E
OXYDASE
OXYGÈNE*
OXYLITHE
OXYMEL
OXYURE
OXYTON
OZÈNE
OZONISER*

PACEMAKER
PACHALIK
PADDY
PADDOCK
PANAX
PANKA
PANZER
PAPRIKA
PAPYRUS
PARALLAXE
PARKING
PATCHWORK
PAULOWNIA
PAUMOYER
PÉKAN
PÉKINÉ,E
PÉLAMYDE
PENALTY
PENNY
PÉRICYCLE
PEYOTL
PHÉNYLE
PHYLLADE
PHYLLIE
PHYLUM
PHYSALIE
PHYSALIS
PHYSE
PICKLES
PIÈZE
PILAW
PIZZA
PIZZICATO
PLEXIGLAS
PLEXUS
PLEYON
PODZOL*
POKER
POLJÉ
POLKA
POLYACIDE
POLYESTER
POLYGALA
POLYGALE
POLYPORE
POLYSOC
POLYTRIC
PONEY
PRAKRIT
PRAXIS
PROYER

PRYTANE(E)
PSYLLE
PSYLLIUM
PUPAZZO
PYÉLITE
PYGARGUE
PYGMÉE
PYJAMA
PYOGÈNE
PYRALE
PYREX
PYREXIE
PYRITE
PYROLYSE
PYROSIS
PYROXÈNE
PYROXYLE
PYRROLE
PYTHIE*
PYTHON*
PYXIDE

QUAKER,ESSE
QUARK
QUARTZ*
QUEUX
QUINZE

RACKET
RACKETTER
RADJA(H)
RALLYE
RAYÈRE
RAYIA
REMAKE
RESSAYER
RIKIKI
RIMAYE
ROCOUYER
ROMSTECK
RUMSTECK
ROOKERY
ROTARY
ROYALTY
RUGBY
RUMEX
RUOLZ

SAJOU
SANDJAK
SANDOW
SANDWICH
SANSKRIT,E
SAPAJOU
SATYRE
SAXHORN
SAXICOLE
SAXON
SAYON
S(C)HAKO
SCHERZO
SCOLEX
SCOLYTE
SEIZE
SEXTO
SEXTOLET
SHIMMY
SILEX
SIREX
SIXAIN
SIZAIN,E
SKETCH
SKIABLE
SKIFF
SKIPPER
SKUN(K)S
SLIKKE
SMOCKS
SMOKING
SNACK
SODOKU
SOYER
SPALAX
SPARDECK
SPHEX
SPHINX
SPHYRÈNE
SPOUTNIK
SPRAT
SPRAY
STEAK
STEWARD
STICK
STOCK*
STOKER
STOKES
STORAX
STUKA
STYLO
STYRAX
STYRÈNE
SULKY
SURFAIX
SURLOYER
SVASTIKA
SWASTIKA
SYBARITE
SYCOMORE
SYCOSIS
SYÉNITE
SYLPHE
SYLPHIDE
SYLVAIN,E
SYLVESTRE
SYNAPSE
SYNERGIE
SYRIAQUE
SYRINX
SYRPHE
SWAHÉLI,E
SWAHILI,E
SWEATER
SWING
TALPACK
T(H)ALWEG
TANK
TANKER
TAYAUT
TAUZIN
TECKEL
TERYLÈNE
TEXAN,E
THUYA
THY(I)ADE
THYMOL
THYMUS
THYRSE
TICKET
TILBURY
TJÄLE
TOKAI
TOKAJ
TOKAY
TOMAHAWK
TONKA
TOMMY
TORYSME
TOXÉMIE
TOXICOSE
TRACHYTE
TRAMWAY
TRAYON
TRICK
TRIGLYPHE
TRIONYX
TRIPLEX
TROLLEY
TROÏKA
TROYEN,NE
TRUCK
TURKMÈNE
TWEED
TWEEN
TWIST*
TYMPAN*
TYPHIQUE
TYPHLITE
TYPHOSE

TYPON
TYROSINE
TZARINE
TZIGANE

UKASE
UKRAINIEN
UKULÉLÉ
UZBEK

VAISYA
VALENÇAY
VALKYRIE
VERJUS
VEXANT,E
VEXILLE*
VICHY
VICHYSME
VIKING
VILAYET
VINYLE
VIZIRAT*
VODKA
VOLAPÜK
VOLLEY
VOLLEYER
VOLNAY
VORTEX

WARRANT
WARRANTER
WATTÉ,E
WENZE

YACHT
YANKEE
YAPOK
YÈBLE
YEUSE
YIDDISH

ZAÏROIS,E
ZODIAQUE
ZYDECO
ZYGNÉMA
ZYMASE
ZYTHON
ZYTHUM

TOUS LES MOTS ADMIS

Comme nous l'avons vu, la règle générale du Scrabble francophone a amené assez vite les Fédérations, en vue des compétitions, à désigner un ouvrage de référence des mots utilisables. Le choix s'est porté sur le **Petit Larousse illustré** (P.L.I.). Pour les conjugaisons, avait été adopté **L'Art de conjuguer** de Bescherelle. Il n'en restait pas moins que l'évolution de la langue comme son enrichissement posaient parfois problème. Aussi a-t-on substitué au P.L.I., depuis le 1er janvier 1990 un nouvel ouvrage de référence : l'O.D.S., spécialement conçu par et pour les scrabbleurs.

Il a d'ailleurs le même éditeur que le P.L.I.

L'OFFICIEL DU SCRABBLE

L'Officiel du Scrabble (O.D.S.) a été réalisé par une équipe de plus d'une trentaine de personnes dirigée par le champion belge Yvon Duval. Parmi les collaborateurs figurent des Belges, des Français, des Suisses et des Canadiens. Respectant, bien sûr la règle du jeu, l'ouvrage exploitant les richesses de la langue donne plus de mots que le P.L.I. (environ 7 %).

On a fait parfois justement grief à certains amateurs de jeu de lettres d'employer des mots qu'ils ont appris à connaître et dont ils ignorent le sens! Un des mérites de l'O.D.S. est de donner une définition pour les mots difficiles. Par ailleurs, 146 tableaux de conjugaisons figurent en tête de l'ouvrage. Il est, en principe, valable pour trois ans et totalise 95 337 mots valables!

Le « 7 + 1 » et le « 2 à 6 + une »

A partir de **L'Officiel du Scrabble,** le champion Michel Pialat a réalisé deux autres ouvrages de travail qui recensent toutes les anagrammes.

Le premier intitulé « 7 + 1 » donne **tous les Scrabbles** en 7 et 8 lettres. Le second, sous le titre « 2 à 6 + une » donne tous les mots de 2, 3, 4, 5, 6 lettres et tous ceux possibles avec une lettre d'ajout. Ainsi, avec ces deux ouvrages, le scrabbleur peut retrouver facilement tous les mots jouables au Scrabble en 2, 3, 4, 5, 6, 7 et 8 lettres, présentés par « tirages » alphabétiques.

CHAPITRE IX

SOLUTIONS

Le vocabulaire du Scrabble s'étant enrichi depuis 1980, il est possible que la solution de certains problèmes soit améliorable.

PENTA-SCRABBLE

PROBLÈME N° 1

1 A C E H I M N

Deux scrabbles possibles : CHEMINA qui, placé en H 3 rapporterait 84 points, ou MACHINE qui, en H 2 rapporterait 82 points. Nous plaçons MACHINE en H 8 (le M sur la case centrale étoilée) pour 78 points.

2 A A B I L M V

Pas de scrabble de 7 lettres. On est obligé de prendre une lettre du premier mot pour scrabbler. Nous plaçons EMBLAVAI en 14 H, pour 90 points.

3 C E E O P R ?

Cette main comportant un joker, nous pouvons réaliser les scrabbles en 7 lettres suivants : ÉCOPER(A), PRÉCO(C)E, PROCÉ(D)É, P(I)CORÉE, RECOP(I)É, CO(M)PÈRE, CO(O)PÉRÉ, PROC(R)ÉÉ, PÉCORE(S), RECO(U)PE. ÉCOPER(A) en 15 C ferait 133 points ; P(I)CORÉE, en 15 B ferait 131 points. Si l'on avait placé CHEMINA en H 2, ÉCOPER(A) EN 1 B ferait 122 points, etc.

En 8 lettres, nous pourrions « quadrupler » avec le C de MACHINE : PRÉCOCE(S) pour 102 points, ou mieux, avec le H de MACHINE : PORCHÈ(R)E OU POCHERE(Z) pour 106 points.

Nous nous contenterons de CO(O)PÉRÉ, placé en « collante » au-dessus et parallèlement à MACHINE (faisant CA, OC, OH, PI, EN et REMBLAVAI) en G 9, pour 101 points.

4 A E K L R V Y

A ce stade, notons que les deux « nonuples » O 8 et 15 A sont ouverts.

	1	2	3	4	5	6	7	8	9	10	11	12	13	14	15
A															J
B															O
C															U
D															X
E															T
F															(I)
G									C	O	(O)	P	E	R	E
H								M	A	C	H	I	N	E	Z
I														M	
J														B	
K														L	
L														A	
M														V	
N														A	
O								V	A	L	K	Y	R	I	E

VALKYRIE (qui s'écrit aussi WALKYRIE), avec le I de REMBLAVAI trouve une excellente place en O 8, pour 401 points.

5 J O T U X Z ?

Le dernier coup devient alors évident : JOUXT(I)EZ en 15 A, pour 428 points, auxquels il faut ajouter ceux de MACHINEZ qui « triple » : 69 points. Soit en tout : 497 points.

Le total final est de 1 167 points.

Comme vous le constatez, il n'est pas toujours nécessaire, dans ce genre de problèmes, de réaliser le maximum à chaque coup pour obtenir le plus fort total final! Il faut réserver si possible les emplacements les meilleurs pour les mains contenant les lettres les plus chères. Il faut « préparer » les coups chers.

PROBLÈME N° 2

1 A B E E J M N

Le mot ENJAMBE en H 2 donne 100 points.

2 A H M P U X Y

NYMPHAUX en 3 H donne 134 points.

3 A G I O Q R U

Le Scrabble est ORGIAQUE valant 114 points, en 2 A.

	1	2	3	4	5	6	7	8	9	10	11	12	13	14	15
A	S	O	V	K	H	O	Z	E							
B		R													
C		G													
D		I													
E		A													
F		Q													
G		U													
H		E	N	J	A	M	B	E							
I			Y												
J			M												
K			P												
L			H												
M			A												
N			U												
O	M	A	X	W	E	L	L	S							

4 A E L L M S W
MAXWELLS en O 1 vaut 383 points.

5 E H K O S V Z
SOVKHOZE en A 1 : 428 points.

Le total final est de 1 159 points.

SOVKHOZE est le Scrabble nom commun (en 8 lettres) qui rapporte le plus de points : 428, à condition d'être bien placé. Quatre emplacements : en A 1, en 15 A, en O 1 et en 1 A. ENKYSTEZ est le Scrabble verbe conjugué qui rapporte le plus de points : 455 (mêmes places). Les « 7 lettres » les plus payants sont WHISKYS ou WHISKEY (144 points au premier coup).

FIN DE PARTIE

PROBLÈME N° 1

1er coup.

Avec BARMUER, deux Scrabbles sont possibles : BRUMERA et MARRURE. Une place attire l'œil tout de suite, le « triple » avec le S de WORMIENS. MARRURES en 15 E fait 83 points. BRUMERAS au même endroit ne vaut pas très cher, car BRUMER est un verbe impersonnel ne s'employant qu'à la 3e personne du singulier! Mais MARRUBE en C 2 faisant RUSERAS et EH, donne 88 points. C'est ce qu'on appelle un « petit coup Legendre » (1).

2e coup.

Avec A C F Q O O V, pas de Scrabble possible. Rien d'intéressant sur les cases « mot compte triple ». Il faut donc rechercher le « coup technique ». (Une lettre chère de la main double deux fois dans le sens horizontal et dans le sens vertical : c'est le « petit coup technique ». Si elle triple deux fois, c'est le « grand coup technique »).

---

(1) Il y a **Petit coup Legendre** (du nom d'un joueur) quand la lettre la plus chère de la main double et quand le mot double. Il y a **Grand coup Legendre** quand la lettre la plus chère de la main triple et quand le mot double. Il y a **Super-coup Legendre** quand la lettre la plus chère de la main double et quand le mot triple.

	1	2	3	4	5	6	7	8	9	10	11	12	13	14	15
A											C				
B										*F*	O	*E*	*H*	*N*	
C		*M*	*A*	*R*	*R*	*U*	*B*	*E*		O	R	T	E	I	L
D					U			H	A	R	D	E			
E					S						E				
F				D	E	P	U	L	P	A	S				
G					R				I				M		
H				J	A	L	E	S					I		*B*
I			*V*	U	S		T	I	N	T	E	N	T		*L*
J		Z	I	G									I		*O*
K			*F*	E	U	*X*							G		*U*
L				A	N			W	O	R	M	I	E	N	S
M		D	E	S									A		*E*
N	V	E	T					*C*	*O*	*Q*	U	*E*	T	*E*	R
O	*A*	*Y*		*K*	*A*	*O*	*L*	*I*	*N*						*A*

Nous placerons VIF en 3 I (faisant VUS et FEU) pour 29 points.

3e coup.

Il reste A C O O Q, nous tirons E Y.

CYME, en 2 A, fait 32 points. RAYÉ en 10 L, 33 points. COYOTE, en N 9, 38 points. Mais deux lettres judicieusement placées rapportent 61 points : faisons AY, en O 1 (qui forme verticalement VA et DEY).

4e coup.

Il reste C E O O Q, nous tirons ? E.

Le joker est bienvenu pour remplacer un U. COQ(U)E, en A 11, fait 42 points, de même que COQ(U)E en 15 G. Un COLLOQUE a chauffé sur le « nonuple » Nous posons COQ(U)ETÉ, en N 8, pour 62 points : c'est ce qu'on appelle un « grand coup Legendre ».

5e coup.

Il reste O, nous tirons N E B H U F.

Encore un exemple où le grand coup Legendre rapporte plus que le même mot placé sur le rouge! HOUE, en O 5, vaut 33 points ; FOEHNS en 15 G, 36 points ; BOUCHE en A 8, 51 points.

Mais FOEHN en B 10 (faisant FORT, ÉTÉ, HÉ et NI) donne 64 points.

6e coup.

Il reste B O U, nous tirons A L E ?.

Plusieurs Scrabbles faciles sur « le mot compte triple » 15 E : ÉBOULA(I)S, LOUAB(L)ES, BOULE(R)AS, etc. pour 77 points. L'idéal serait de « nonupler », ce que nous ferons allègrement avec BLOUSE(R)A [faisant COQUETE(R)] en 15 H pour 146 points.

7e coup.

Nous tirons les sept dernières lettres : L A N O X I K.

KAOLIN en O 4 (formant CI et ON) est imprenable : 89 points ; et ce n'est pas un Scrabble! C'est ce qu'on appelle un « super-coup Legendre » (lettre la plus chère de la main doublée et mot triplé). Un KLAXON est « implaçable ».

8e coup.

Il reste X. Deux places sont possibles pour le X : SIX, en 8 H, pour 12 points et FEUX, en K 3, pour 16 points. Notez que le préfixe EX n'est pas valable.

Total de cette fin de partie : 555 points.

FIN DE PARTIE

PROBLÈME N° 2

1er coup.

Avec E H I L O ? T, cinq Scrabbles en sept lettres sont possibles : (É)OLITHE, (O)OLITHE, HO(P)LITE, HILOTE(S), HO(S)TILE. Seuls les deux premiers sont jouables en s'accrochant à TURC par un O pour faire TURCO. O(O)LITHE fait 70 points ; mais ÉOLITH(E) 1 de plus. Nous placerons donc ce dernier mot en G 9 pour 71 points.

2e coup.

Avec A S U Q A E N, il est difficile de scrabbler ici. CAQUES, en J 8, donne 31 points ; SAQU(É)E, en 15 C, 39 points. Le mieux est de jouer un petit coup Legendre avec le I de ÉOLITHE.

NASIQUE, en 12 D, semble être la meilleure solution, pour 44 points.

3e coup.

Il reste A, nous tirons R P T X S D.

TAUX, en I 10, fait 23 points ; de même que TAXE en 15 J. AUX, en 12 L, donne 24 points. TARDAS, en K 7, vaut 29 points. TAX(E)S, en 15 D, fait 42 points. Si l'on pense à la place qu'offre toujours le W, on trouve aisément le top : SWAP, en A 1, pour 54 points.

4e coup.

Il reste D R T X, nous tirons E ? A.

Quatre Scrabbles en sept lettres possibles : EXTRADA, EXTRADE, DÉTAXER, ADEXTRÉ. Il faut ici chercher un mot de huit lettres. DÉTAX(E)R(A), en 15 B, rapportera 101 points. Mieux encore EXTRAD(E)(R), multipliant par 9, en 15 A, vaut plus du double (203 points). Le summum est réalisé par un « super-coup Legendre », ADEXTR(É)(E), en 15 A, pour 284 points.

5e coup.

Avec M E I K L S U. De nombreuses solutions oscillent entre 24 et 29 points. Pour décrocher un score imbattable, il faut

	1	2	3	4	5	6	7	8	9	10	11	12	13	14	15
A	S	W	A	P				D							A
B		E				G		I	L						D
C		B	I	S	E	A	U	T	A	T					E
D	J	E		U		L		O		U		N			X
E	O	R		R	H	O				R		A			T
F	V			F	A	N				C		S			R
G	I				I				E	O	L	I	T	H	E
H	A			P	R	E	N	D	S			Q			E
I	L	A			E			E				U			
J	S	E	M	E	Z			C				E			
K		R						A							
L	K	O	U	M	I	S		V			G				
M		N						E	M	B	O	U	T	I	E
N	N	E				Y	E	N						L	
O	I	F						T							

réaliser un « petit coup Legendre » : doubler le K et doubler le mot. Avec le O de AÉRONEF, formons KOUMIS, en L 1, pour 52 points.

6e coup.

Il reste E L, nous tirons G N I S M.

Bien malin celui qui trouvera un A pour faire MALIGNES! Si on l'avait eu en main, on aurait pu jouer KAMI en 1 L (62 points). Sachant que JOVIAL admet les deux pluriels JOVIALS ou JOVIAUX, nous jouerons SEMEZ en J 1 pour 32 points.

7e coup.

Il reste G I L N.

LI ou NI s'impose sur « le mot compte triple » inférieur gauche, formant LE ou NE et IF. Nous choisirons NI, en 1 N, pour 23 points.

8e coup.

Il reste G L. Pas mieux que 4 points en faisant IL/LA en B 8.

9e coup.

Avec le G restant, GO, en 11 L, est la seule façon de placer cette lettre : 3 points.

Total de cette fin de partie : 567 points.

FIN DE PARTIE

PROBLÈME N° 3

1er coup.

Avec T M O P E R N. Un seul Scrabble en sept lettres : ROMPENT, jouable en O 2 (faisant ÂNÉE) pour 90 points. Avec le T de TRAFIQUES, TROMPENT fait 89 points en A 1 et 92 points en A 8. Avec le A de TRAFIQUES, PÂMERONT, en C 7, rapportera 82 points seulement. Si certains tentent PÂMERONT avec le A de AH en 1 D, formant M'AMIES, leurs 100 points vaudront zéro puisque la présence de l'apostrophe fait refuser le mot (aujourd'hui, MAMIES est admis). Le maximum est PROVIGNEMENT en H 1 pour 127 points.

2e coup.

Avec U R O R C E Z. Un seul Scrabble facile à trouver COURREZ (futur) qu'on peut toujours placer en O 1 (faisant ÂNÉE) pour 111 points. Quand on a la finale EZ en main, il faut toujours penser à l'imparfait ou, en l'occurrence, au conditionnel, et chercher un I libre. COURRIEZ en 15 A vaut 230 points. Pas mieux, penserez-vous! Eh bien, si, grâce à un « super-coup Legendre ». L'ana-

	1	2	3	4	5	6	7	8	9	10	11	12	13	14	15
A								T							C
B								R							R
C	R	O	U	G	E	O	Y	A							U
D			T	O	C	S		F							Z
E	A	H			H	E		I	L		G		V		E
F		A	M	I	E	S		Q	U	A	R	T	I	D	I
G					N			U		N	E	U	F		R
H	P	R	O	V	I	G	N	E	M	E	N	T			O
I			P		L			S	I	S	E				
J			T	A	L	E									
K			I		E									B	
L			M		S	A	N	D	J	A	K			E	
M			A			N			E		I			B	
N			U			E					D	O	T	E	
O	M	A	X	W	E	L	L	S							

gramme de COURRIEZ est CRUZEIRO : placée en 15 A, elle rapporte 311 points dans votre escarcelle!

3e coup.

Avec X A T M U I P. Ceux qui n'auraient pas trouvé PROVIGNEMENT au premier coup, auraient quelques difficultés à présent : car, si l'on pense à la terminaison AUX, on doit trouver assez facilement OPTIMAUX qui nécessite un O libre, apporté justement par PROVIGNEMENT : OPTIMAUX (formant TALÉ) en 3 H, 100 points tout rond.

4e coup.

Avec le L ? S E L A W. Sur ce coup également, ceux qui n'auraient pas vu PROVIGNEMENT, pourraient faire WALLA(C)ES, en 1 D, pour 135 points (formant LAMIES). SLOW, en 12 L, rapporte tout de même 98 points. Le X de OPTIMAUX offre encore un « super-coup Legendre » avec (M)AXWELLS en O 1, pour 369 points (formant ANEL).

5e coup.

Avec E O O Y U R ?, c'est le coup des cracks! COUDOYER, LOUVOYER ou SOUDOYER sont proches ; mais il manque toujours une lettre. A ce stade, les places à Scrabble sont chères! RO(C)OUYER en B 1 semble imprenable (grand coup Legendre) : 122 points ! Pourtant ROU(G)EOYA (petit coup Legendre avec le A de TRAFIQUES) rapporte 126 points, grâce à une belle « collante » : UT, (G)O, ÉCHENILLÉS et OSES, en C 1.

Ainsi, cette fin de partie — comme on souhaiterait en rencontrer souvent! — donne 1 033 points en cinq Scrabbles.

PARTIES DE 14 SCRABBLES

	1	2	3	4	5	6	7	8	9	10	11	12	13	14	15
A		T	O	M	A	H	A	W	K						C
B						Y									R
C			F	O	N	D	I	T	E	S					U
D						R						G			Z
E					M	A						A			E
F					E	T				B		L		X	I
G					N	E			N	I	V	E	L	E	R
H	V			G	I	R	A	S	O	L		J		N	O
I	O				S				M	E	C	A	N	O	S
J	I	N	D	I	Q	U	E	E				D		P	
K	T				U						P	E	U	H	
L	U				E							S		I	
M	R		F	U	S	E	R	A	I	T				(L)	
N	E													E	
O	E								B	A	L	L	A	(S)	T

1re PARTIE

1er coup : A G I L O R S

Trois Scrabbles sont possibles : GLORIAS, RIGOLAS, GIRASOL ; on choisira GIRASOL (« variété d'opale bleutée ») qui « ouvre » plus que les deux autres, puisque l'on peut toujours y mettre un S, alors que GLORIAS et RIGOLAS sont bloqués par devant et par derrière.

GIRASOL, en H 4, pour 70 points.

2e coup : E E I L N R V

Pas de T pour VENTILER.

ALEVINER en 7 H fait 63 points.

NIVELER, plaçable en G 9 ou I 9 rapporte 67 points. Plaçons-le en G 9 (formant NÔ et IL).

3e coup : C E I O R U Z

Un seul Scrabble en sept lettres : COURIEZ à l'imparfait. Il est jouable sur un rouge, au conditionnel : COURRIEZ, en 15 D, pour 116 points. CROULIEZ, en 13 C, vaut 90 points. La meilleure solution est de « nonupler » avec un « super-coup Legendre » : CRUZEIRO en 15 A, 311 points!

4e coup : A C E M N O S

Deux Scrabbles en sept lettres : SEMONÇA et MÉCANOS.

MACÉRONS, en 6 D, vaut 69 points. SEMONÇAI en 5 A, 72 points. SEMONÇAS en 8 H, 86 points. On choisira MÉCANOS, en I 9 pour 92 points (formant NOM, ÎLE et CRUZEIROS).

5e coup : E E M N Q S U

MANQUÉES, en 7 G, vaut 70 points. MESQUINE, en 5 C, 82 points. L'anagramme de MESQUINE, MÉNISQUE permet de « quadrupler » : en 5 E, 114 points.

6e coup : D E E I I N U

Beaucoup de voyelles, peu de consonnes. Il faut donc une consonne pour scrabbler : le Q est tout indiqué : INDIQUÉE, en J 1, donne 70 points.

7e coup : A D E G J L S

Il faut penser parfois aux Scrabbles en neuf lettres, même s'ils sont rares au cours d'une partie normale : GALÉJADES multiplie par quatre avec le J qui double : 154 points en 12 D.

8e coup : A D E H R T Y

HYDRATE se trouve assez facilement. HYDRATER en B 8 vaut 100 points. Mais le même mot, en 6 A (formant MA, ET, NE), vaut 2 points de plus : 102 points.

9e coup : E H I N P X ?

Un joli PH(O)ENIX « implaçable »! Sur le rouge, il fait, sans être un Scrabble, 60 points (en A 5 ou 1 E). Nouveau Scrabble en neuf lettres : XÉNOPHI(L)E en 14 F (formant horizontalement XI et NÔ), rapporte 179 points.

10e coup : A E F I R S U

Trois Scrabbles en sept lettres : FAISEUR, FUSERAI, REFUSAI.

REFUSA, en O 10, qui n'est pas Scrabble, vaut quand même 62 points, en mettant XÉNOPHI(L)ES au pluriel. FAISEUR, en M 2 et REFUSAI, en M 1, font 89 points. FUSERAI, en M 3, vaut 2 points de plus : 91 points.

11e coup : A A K M O T W

Si vous connaissez bien les mots avec W, vous trouverez aisément TOMAHAWK (attention à l'orthographe!) avec le H de HYDRATER : en A 2, pour 146 points.

12e coup : E E O R T U V

OUVERTE et TROUVÉE sont « implaçables »! ŒUVRENT, en 2 D, donne 63 points. Il faut « nonupler » avec VOITURÉE (verbe transitif) en 1 H, pour 158 points.

13e coup : A A B L L T ?

E(M)BALLÂT en O 1 rapporte 80 points. Le BALLA(S)T mettant un S joker à XÉNOPHILE(S) est plus cher : en O 9, 99 points.

14e coup : E F I N O S T

FÊTIONS étant « implaçable », il faut chercher une lettre libre — elles sont rares à ce stade final! — : le D de HYDRATER s'impose : FONDÎTES, en C 3, 78 points.

15e coup : B P T U

Avec B P T U. Il faut jouer « en décomposé » pour obtenir le maximum de points : EUH, en K 12, pour 6 points. PEUH, en K 11, pour 18 points. BILE, en 10 F, pour 12 points. FUSERAIT, en M 3, pour 11 points.

TOTAL DE CETTE PARTIE : 1 778 points.

	1	2	3	4	5	6	7	8	9	10	11	12	13	14	15
A	D	Y	N	A	M	O	M	E	T	R	I	Q	U	E	S
B											M				
C											P				
D				V	E	S	I	C	U	L	E				S
E											T				V
F										R	I			D	A
G									J	U	G	U	L	A	S
H	Z		P	H	O	L	A	D	E		O				T
I	E				B		H	O	T	E	S	S	E		I
J	L				N				A						K
K	A				U										A
L	T				B	R	O	W	N	I	N	G			
M	E				I										
N	U	N			L				C	O	F	F	R	E	E
O	R	E	E	X	A	M	I	N	E	R	A	I	E	N	T

2e PARTIE

1er coup : A D E H L O P

PHOLADE est le seul Scrabble possible avec ces lettres (ADOLPHE n'est pas bon!) : en H 3, 84 points.

2e coup : A B B I L N U

Avec le O de PHOLADE, OBNUBILA, en 5 H, 74 points.

3e coup : A G J L S U U

Le seul I du jeu n'étant pas utilisable pour faire JUGULAIS, on se contentera de JUGULAS, avec le J qui double dans les deux sens : en G 9, pour 91 points (JUGULAS en 10 B valait 97 points!).

4e coup : E E I M N R X

Le « super-coup Legendre » s'impose ici : EXAMINER, en 7 F, ne fait que 81 points. En 14 E, il vaut 90 points. Plaçons cet infinitif en O 3, pour 134 points. Il pourra être suffixé par un A et préfixé par RÉ-.

5e coup : E E I M O P T

Nom évident, car comportant une finale en O. Bravo à ceux qui l'auront trouvé : IMPÉTIGO, en 11 A, donne 74 points.

6e coup : E E H O S S T

Une HÔTESSE pas très difficile à trouver ; encore faut-il bien la placer! En N 9, elle ne rapporte que 83 points. En 15 B ou 15 C, au pluriel, « elles » donnent 86 points. Mais, en I 7, elle vaut plus cher : 102 points (formant verticalement AH, DO, JET et IMPÉTIGO).

7e coup : A E E I N R T

Plusieurs Scrabbles en sept lettres : ENTERAI, ÉREINTA, RATINÉE, RÉAIENT, TANIÈRE, TRAÎNÉE. RATINÉE, TANIÈRE et TRAÎNÉE sont jouables en F 3 pour 70 points (formant ÉJET, qui n'est plus admis aujourd'hui). ÉREINTAI sur les deux rouges, en A 8, rapporte 131 points : c'est déjà pas mal ! Mais il y a plus du double, avec un « nonuple » de 15 lettres : RÉEXAMINERAIENT, en O 1, donne 284 points !

8e coup : E E M Q R T U

Avec le I de IMPETIGOS, MÉTRIQUE rapporte 84 points. En « super-coup Legendre » A 7, il vaut 122 points. Attendre l'arrivée d'un S jouable en 15 A.

9e coup : A A I K S T V

Si vous ne scrabblez pas, KA, en F 14 (« grand coup technique ») vaut 64 points ; SKIÂT en 15 A, 96 points. Mais SVASTIKA, en 15 D, donne 113 points.

10ᵉ coup : C E I L S U V

Venant de placer SVASTIKA, on ne peut plus faire CULTIVES avec le T de IMPÉTIGOS ; mais une VÉSICULE s'impose en D 4, pour 82 points.

11ᵉ coup : A D N O S Y ?

Cinq Scrabbles en sept lettres : D(É)NOYAS, NOYAD(E)S, DYNA(M)OS, OND(O)YAS, D(R)AYONS. Ils sont tous jouables, en mettant SVASTIKAS au pluriel, en L 9, pour 106 points. On peut aussi faire un « grand coup Legendre » avec D(É)NOYAS ou OND(O)YAS, en B 2, pour 127 points. Tout cela est loin du maximum : encore un « nonuple » : DYNA(M)OMÉTRIQUES, en A 1, pour 347 points!

12ᵉ coup : C E E F F O R

Deux Scrabbles en 7 lettres : COFFRÉE et EFFORCE. EFFORCER sur le rouge, en 1 H, vaut 101 points. On peut s'efforcer de chercher mieux : COFFRÉE, en N 9, réalise une « collante » intégrale (CE, OR, FA, FI, RÉ, EN, ET) qui rapporte 110 points.

13ᵉ coup : G I N O R W ?

ROWING(S) au pluriel est admis au Scrabble. Placé en L 9, ce « 7 lettres » vaut 102 points. BROWNI(N)G, « petit coup Legendre », est meilleur : 108 points, en L 5.

14ᵉ coup : A E E L T U Z

Ce dernier Scrabble, même s'il n'est pas très évident, trouve sa place de lui-même : en 1 H, ZÉLATEUR donne 104 points.

15ᵉ coup : A D N R

Avec A D N R. YARD (en 2 A) 28 points et UN (en N 1) 8 points (36 points en tout), sont battus de la façon suivante, en « décomposant » : DA en F 14 = 14 points : JETA en 9 G = 11 points ; UN en N 1 = 8 points ; RI en F 10 = 8 points. Total : 41 points, contre 36 pour la première solution.

TOTAL DE CETTE PARTIE : 1 870 points.

	1	2	3	4	5	6	7	8	9	10	11	12	13	14	15
A								O	T	O	C	Y	O	N	S
B		B							R			P			
C		A					G	U	I	N	D	E	A	U	X
D		T							O			R			
E		A							M		F	I			
F		V				B			P	L	U	T			
G		I				E			H		M	E			
H	V	A		J	O	N	C	H	E	R	E	S			M
I	A		F	E	R	I	E	E	S		R			D	O
J	L					G				K	A				N
K	A					N					I			D	A
L	Q					I			L	U	T	I	N	E	Z
M	U	L	U	L	A	T	E	S							I
N	E					E									(T)
O	S			W	E	S	T	E	R	(N)					E

3e PARTIE

1er coup : C E H J N O R

Un seul Scrabble : JONCHER, qui rapporte 104 points si on le place au mieux en H 4. Penser au suffixe A (futur), mais aussi E (n.f.).

2e coup : H I M O P R T

Il faut jouer avec le E de JONCHER et vous aurez TRIOMPHÉ, en 9 A, pour 69 points.

3e coup : A E F I M R U

FUMERAI faisant JONCHERA fait 92 points, de même que FUMERAIT sur le rouge. Mais FUMERAI faisant JONCHÈRE (synonyme de JONCHAIE ou JONCHERAIE) quadruple, en 11 E, pour 114 points.

4e coup : E E E F I R S

FÉERIES ou FÉRIÉES, accrochés par un S à FUMERAIS (en L 5) valent 73 points. FREINÉES, en 6 D, ou INFÉRÉES, en 6 G, ne rapportent que 65 points. FÉRIÉES se collant quasi intégralement au-dessous de JONCHÈRE (formant JE, OR, NI, CE, HÉ et TRIOMPHES) donnent 105 points, en I 3.

5e coup : E E I P R S T

Six Scrabbles en sept lettres : ÉPÎTRES (en L 8 : 82 points), ÉPRÎTES ou ETRIPES (en L 5 : 72 points), PÉRÎTES (en L 7 : 82 points), PÉTRIES (en L 9 : 82 points), PIÈTRES (en L 8 : 86 points), ÉPRÎTES ou PÉRÎTES, en 12 B, donnent 102 points. Nous choisirons : PÉRITES.

6e coup : B E E G I N T

BEIGNET formant FUMERAIT (en L 5) vaut 74 points. Une autre solution à 74 points, plus difficile, est BÉNIGNITÉ, en 6 F : nous la choisirons, car elle « ouvre » plus le jeu.

7e coup : C N O O O S Y

COTOYONS avec le T de BÉNIGNITÉ (en M 4) fait 71 points. Ceux qui connaissent les CYONS, doivent aussi connaître l'anagramme de COTOYONS, OTOCYONS qui, placé, en M 5 vaut 80 points. Un « super-coup Legendre » en « nonuple » permet de placer OTOCYONS en A 8, formant YPÉRITES, pour 340 points!

8e coup : E E R S T W ?

Trois Scrabbles en sept lettres : SWE(A)TER, WE(L)TERS, WESTER(N)., SWE(A)TERS, en 15 A donne 98 points. SWE(A)TER, en O 6 fait 111 points . WE(L)TERS, en L 8 vaut 112 points. WESTER(N) en O 4 rapporte 138 points (« super-coup Legendre »). Comme quoi, même avec le W, on peut faire plusieurs Scrabbles.

9e coup : E I L N T U Z

LUTINIEZ avec le I de FUMERAI, en K 8, rapporte le minimum de 67 points. Placé en « petit coup Legendre », en L 1, il donne 106 points. LUTINEZ, placé en « petit coup Legendre », fait bénéficier des points de FUMERAIT : en L 9, 114 points.

10e coup : A E L L S U U

Coup pas très chouette : c'est pourquoi ULULÂTES s'impose, en M 1, pour 68 points.

11e coup : A E I M N O ?

Onze Scrabbles en sept lettres : A(B)OMINE, (D)OMAINE, ÉMON(D)AI, AN(G)IOME, MONDIA(L)E, MON(N)AIE, MO(R)AINE, (R)OMAINE, ANOMIE(S), ANO(S)MIE, MOINEA(U). Beaucoup ne sont pas jouables ici. Nous retiendrons, entre autres : MOINEAU(X), en
1 G, pour 77 points ; A(B)OMINEZ ou (R)AMONIEZ, en 15 E, pour 101 points. MONAZI(T)E (« phosphate naturel de cérium et de thorium »), en « nonuple » (15 H), est imprenable : 203 points.

12e coup : A D G N U U X

Coup non évident : GUINDEAUX en 9 lettres, en C 7, rapporte 94 points.

13e coup : A A E L Q S V

Cherchant le U, on doit trouver assez facilement VALAQUES, en 1 H, qui « nonuple » : 284 points.

14e coup : A A A B I T V

BATAVIA est le seul Scrabble possible, qu'on raccroche avec le V de VALAQUES, en formant horizontalement VA : 2 B, 95 points (« grand coup Legendre »).

15e coup : D D K L

Avec D D K L : on joue « en décomposé » de la façon suivante : KA, en J 10, pour 31 points. PLUT, en F 9, pour 8 points. DA, en K 14, pour 6 points. DO, en I 14, pour 3 points. Soit 48 points en tout.

TOTAL DE CETTE PARTIE : 1952 points.

	1	2	3	4	5	6	7	8	9	10	11	12	13	14	15
A	C					M	O	R	V	E	U	X			
B	H	A	R	D	W	A	R	E					U	T	
C	R												T	A	
D	Y			I								B	O	R	E
E	S			L							E		P	I	
F	E			L							G		I	F	
G	L			U			C	O	M	T	O	I	S	E	
H	E	B	A	V	U	R	E	S			S		T	E	K
I	P			I							I		E		A
J	H			U							L				N
K	A			M							L				D
L	N	U	I	S	A	N	T				E				J
M	T								F	A	Z	E	N	D	A
N	I													O	R
O	N	E	O	G	E	N	E	S							S

4e PARTIE

1er coup : A B E R S U V

BAVURES est le seul Scrabble possible, en H 2 : 82 points. BAVEURS n'est pas admis.

2e coup : C I M O O S T

COMTOISE, en 7 A, vaut 64 points. Au masculin, COMTOIS, formant au passage CE et OS, est meilleur : 75 points, en G 7.

3e coup : I I L L M U U

Coup non évident avec I, L, M qui sont doublés : penser à la finale UM : ILLUVIUM, en 4 D rapporte 74 points.

4e coup : A I N N S T U

On a le choix entre deux Scrabbles : NUISANT ou USINANT : on opte pour NUISANT, qui met ILLUVIUM au pluriel : les deux mots doublent, en L 1, pour 92 points.

5e coup : E I O P T T U

TOUPIE ou UTOPIE, en 1 C, formant ÉBAVURES, valent 66 points. Mais, si l'on trouve UTOPIE, on ne doit pas rater UTOPISTE, en 13 B, pour 72 points.

6e coup : A E E H L P T

Pas de Scrabble en sept lettres. ÉLÉPHANT en 1 F, formant horizontalement ÉBAVURES, vaut 128 points : les deux mots triplent.

7e coup : A E E F I R T

Deux Scrabbles en sept lettres : FÊTERAI et TARIFÉE. FÊTERAIT, en C 6, rapporte 63 points, et en 10 E, 65 points. TARIFÉE réalise une « collante » intégrale sur UTOPISTE (UT, TA, OR, PI, IF, COMTOISE et TE) : en 14 B (grand coup Legendre), 124 points.

8e coup : C H I N R Y ?

Coup du crack! CHRY(S)ÉLÉPHANTIN, en 1 A : 437 points. A ne pas rater, si l'on veut rester dans la course! Cet adjectif se dit d'un objet « fait d'ivoire et d'or ».

9e coup : E E G I L L S

Si GISELLE est « implaçable », NIGELLES en O 1 rapporte 80 points. Mais ÉGOSILLE, en 11 E, quadruple et vaut 86 points.

10e coup : A A D E R R W

Le seul Scrabble possible est HARDWARE, en B 1, pour 96 points.

11e coup : A A D E F N Z

ZENDE, en 8 A, 51 points ou FENDEZ, en L 10, 58 points, tenteront ceux qui ne scrabblent pas. FAZENDA, formant au passage ÉGOSILLEZ, en M 9, donne 117 points.

12e coup : E E E G N O S

ÉOGÈNES, seul Scrabble en sept lettres est « implaçable ». Le N final de CHRY(S)ÉLÉPHANTIN permet de poser NÉOGÈNES (« fin de l'ère tertiaire », au pluriel), en O 1 pour 83 points : c'est un « grand coup Legendre ».

13e coup : A D J K N S ?

KA(W)A et KA(O)N, en 15 L, valent 66 points; KAD(I), au même endroit : 69 points; JA(C)K, au même endroit : 81 points. JA(C)KS, en A 8, vaut 90 points. SANDJAK(S) formant TES, en 15 H, semble imprenable pour 347 points. Pourtant KANDJA(R)S formant TEK, en 15 H, fera forcément plus : 374 points (TEK qui triple vaut 36 points, tandis que TES qui triple ne vaut que 9 points). Ce « poignard oriental », au pluriel ici, s'écrit aussi KANDJLAR ou KANGLAR.

14e coup : E M O R U V X

MORVEUX est facile à trouver et réalise un « super-coup Legendre » en A 6 pour 151 points (formant verticalement MA, OR et RÉ).

15e coup : B E O Q

Le maximum que l'on puisse tirer de ces quatre lettres, en « décomposant », est : ÖRE, en D 13, pour 4 points. BORE, en D 12, pour 12 points. DO, en 14 M, pour 8 points. Le Q n'est pas jouable. Soit 24 points en tout.

Si l'on joue QUE en J 3 (10 points) et LOB en E 4 (10 points), on obtient une solution inférieure de 4 points à la première (20 points seulement).

TOTAL DE CETTE PARTIE : 2 015 points.

	1	2	3	4	5	6	7	8	9	10	11	12	13	14	15
A	Z				E			A							D
B	I		B		N			(C)	A	K	T	I	S	M	E
C	(Z)		R		J			C	H	A	U	L	A	I	S
D	Y		O		O			O							Q
E	P		W		L			M							U
F	H	A	N	D	I	C	A	P	E	R					A
G	E		I		V			A							M
H	S		N		E			G	E	L	I	F	I	E	E
I			G					N						S	E
J								E						B	
K				T	A	R	T	R	E	U	X			R	
L								I						O	
M			T	R	O	U	V	O	N	S				U	
N							U	N						F	
O	D	E	T	E	L	L	E	S						E	T

5e PARTIE

1er coup : E E F G I I L

GÉLIFIE est le seul Scrabble possible, en H 8, 80 points.

2e coup : A C E M N O P

COMPAGNE, en 8 C, est le seul Scrabble que j'aie trouvé. Remarque : plusieurs solutions n'étant pas des Scrabbles rapportent plus de points que cette COMPAGNE si l'on joue avec GÉLIFIÉE : CAMPE, en 15 D ; 75 points ; MECANO, en 15 G, 66.

Bien que ces solutions soient supérieures au Scrabble, nous placerons quand même COMPAGNE, puisque le but de cette partie est de faire uniquement des Scrabbles. Bravo néanmoins à tous ceux qui auront trouvé plus de 65 points!

3e coup : A A H I L S U

On peut toujours faire HALAS, en 15 D, pour 72 points. Mais cette fois, CHAULAIS, avec le C de COMPAGNE, donne 84 points, en C 8 (« petit coup Legendre »).

4e coup : A A C D H I N

Avec un L libre, on pourrait faire CHANDAIL. Hélas, il n'y en a pas! HANDICAP, moins facile à voir, en F 1, rapporte 74 points (il fallait dissocier le C du H).

5e coup : A I N O R S ?

Les Scrabbles en sept lettres sont trop nombreux pour les citer tous ici. Trois « nonuples » sont ouverts : 1 A, 8 A et 15 A. Le meilleur est en 8 A : A(C)COMPAGNERIONS, 239 points.

6e coup : A E I K M S T

KANTISME, avec le dernier N de A(C)COMPAGNERIONS vaut plus qu'avec le N de HANDICAP : 90 points contre 70. Mais (C)AKTISME, en B 8, réalisant une « collante » parfaite au-dessus de CHAULAIS, en même temps qu'un « grand coup Legendre », est bien supérieur : 174 points (formant verticalement AH, KA, TU, IL, SA, MI et ES).

7e coup : B G I N O R W

BROWNING est le seul Scrabble possible. Deux places se disputent le maximum : en N 2, il vaut 94 points; en 3 B, il vaut 96 points : c'est donc là que nous le placerons.

8e coup : A D E E M Q U

QUÉMANDE, en N 3, rapporte 73 points et DÉMARQUE, en K 4 quadruple pour 118 points. Mais DESQUAMÉE, en 15 A, « nonuple » (et GÉLIFIÉE triple) : 320 points.

9e coup : N O R S T U V

TROUVONS est assez facile à trouver : « petit coup Legendre », en M 3, pour 82 points.

10e coup : B E F O R S U

FOURBES est le seul Scrabble en sept lettres; malheureusement, il n'est pas jouable ici! FOURBUES, en 6 H, rapporte 67 points. FOURBIES, en 5 A, en donne 76. ESBROUFE, en 14 H, vaut 90 points et le top.

11e coup : A E R T T U X

TRÉTEAUX, en J 4, donne 71 points. Il faut essayer de quadrupler : ce que nous faisons avec TARTREUX, en K 4, pour 118 points. Pour scrabbler, il fallait donc penser aux finales AUX et EUX.

12e coup : D E E E L L T

DÉTELLE est facile. Sa seule place est sur le rouge : DÉTELLES (2e personne du singulier de l'indicatif présent) en O 1, pour 80 points. Pas de N libre pour faire de la DENTELLE.

13e coup : E I P S Y Z ?

Si vous ne trouvez pas le Scrabble — qui n'est pas évident! — P(A)YIEZ, en O 10, vous fera tout de même 105 points. Le maximum est de 410 points, avec ZI(Z)YPHES, en 1 A (« espèce de jujubier du Midi » au pluriel). Attention à la place du Y!

14e coup : E E J L N O V

Avec le I de HANDICAP, on termine cette série de Scrabbles en beauté par ENJOLIVE, en 5 A, pour 86 points.

15e coup : E R T U

Avec ERTU, voici un « décomposé » qui paye bien : d'abord, HANDICAPÉ, en F 1, pour 17 points. HANDICAPER, en F 1, pour 20 points. VUE, en 7 M, pour 8 points. ET, en O 14, pour 6 points. Soit 51 points en tout.

TOTAL DE CETTE PARTIE : 2 049 points.

CHAPITRE X

LES COMPÉTITIONS

Trois formules ont été adoptées pour les compétitions :

1. Le **Jeu classique** ou « partie libre » opposant les joueurs deux à deux : c'est la formule originelle du jeu.

2. Le **Duplicate Compétition individuel.**

3. Le **Duplicate Compétition par paires.** Dans cette formule, deux joueurs se concertent et annoncent, à chaque coup, le mot qu'ils ont retenu d'un commun accord. Un joueur peut avoir les qualités qui manquent à son partenaire et vice versa. Il « verra » un mot qui peut faire **un solo** (1) à condition d'être admis. Mieux au fait du vocabulaire technique ou des malices touchant à certaines formes verbales, le partenaire saura lui dire s'il est valable.

La Belgique a son championnat interclubs, comportant plusieurs divisions. Dans le championnat 1975-1976, il y avait 10 clubs en 1re Division et 9 clubs en 2e Division. En outre, chaque année, se déroule un Championnat de Belgique individuel.

En France, l'année 1976 a été officiellement la première des Championnats de France. Les précédentes compétitions auxquelles on donna ce titre étaient en vérité des épreuves de sélection pour les Championnats du monde.

---

(1) Il y a **solo** quand le mot retenu n'a été trouvé que par un joueur ou une paire. Dans ce cas, en compétition, son auteur marque 10 points de plus (sauf s'il s'agit d'un Scrabble solo).

Championnat de France par paires **Score**

Vichy	1976	1ers	Jean-Michel Jouannet et Michel Pialat	98,12 %
Vichy	1977	1ers	Michel Charlemagne et Françoise Lumbroso	96,79 %
Vichy	1978	1ers	Jean-Pierre Brulé et Yvonne Brulé	98,50 %
Nice	1979	1ers	Vincent Labbé et Serge Kourotchkine	98,98 %

Championnat de France individuel **Score**

Paris	1976	1er	Patrick Spaeter (Dieppe) . . .	90,46 %
		2e	Michel Pialat (Paris)	88,10 %
		3e	Jean-Marc Bellot, 15 ans (Cannes)	87,23 %
Forbach	1977	1er	Jean-Claude Bouet (Paris) .	94,20 %
		2e	J.-M. Jouannet (Paris)	
		3e	Michel Pialat (Paris)	
Bordeaux	1978	1er	Jean-Marc Bellot (Cannes) .	93,20 %
		2e	Vincent Labbé (Paris)	
		3e	Claude Del (Cannes)	
Lille	1979	1er	Benjamin Hannuna (Paris) . .	97,00 %
		2e	Vincent Labbé	
		3e	Jean-Pierre Brulé (Paris)	

Trophée de la F.F.Sc.

Meilleur joueur de l'année 1978 : Claude Del.

Meilleur joueur de l'année 1979 : Benjamin Hannuna.

Championnat de France Juniors

Lille 1979 : Vincent Labbé, 16 ans.

Championnat de France Vétérans

Lille 1979 : Yvonne Dran.

Une décennie de champions de France (individuel)

Rouen - 1981	1er Michel Duguet - (3369/3424) 2e Serge Kourotchkine - (3343)
Vichy - 1982	1er Michel Duguet - (3414/3461) 2e Claude Del - (3399)
Thionville - 1983	1er Michel Duguet - (3297/3297) 2e Benjamin Hannuna - (3235)
Marseille - 1984	1er Michel Duguet - (3391/3407) 2e Didier Clerc - (3375)
La Rochette - 1985	1er Michel Duguet - (3776/3777) 2e Jean-François Lachaud - (3739)
St-Jean-de-Luz - 1986	1er Patrick Vigroux - (3493/3552) 2e Francis Leroy - (3492)
Sens - 1987	1er Michel Duguet - (3366/3366) 2e Patrick Vigroux - (3167)
Aix-les-Bains - 1988	1er Bernard Caro - (3369) 2e Michel Duguet - (3359)
Antibes - 1989	1er Patrick Vigroux - (3385/3409) 2e Franck Pluven - (3385)
Issy-les-Moulineaux - 1990	1er Patrick Vigroux - (3671/3737) 2e Pascal Fritsch - (3656)
La Rochelle - 1991	1er Franck Maniquant (3557/3563) 2e Pascal Fritsch - (3543)
OPEN	1er Guy De Bruyne - (3435/3563) 2e Patrick Boulou - (3417) 3e Marie-Cécile Migeon - (3349)

Championnat du monde (francophone).

Moins « ouvert » à ses débuts qu'aujourd'hui, le Championnat du monde se dispute depuis 1972. En voici les premiers palmarès :

CANNES 1972

1er Hippolyte Wouters (Belgique)
2e Sarah Wolfowicz (Belgique)
3e Agnès Lempereur (Belgique)
4e Jean-Luc Bocken (Belgique)
5e Amid Aouidad (Algérie)

LIÈGE 1973

1er Agnès Lempereur (Belgique)
2e Dominique Darmstaedter (Belgique)
4e Ruth Gradom (Belgique)
5e Marc Selis (Belgique)

MONACO 1974

1er Marc Selis (Belgique)
2e Dominique Darmstaedter (Belgique)
3e Jean Dubois (Belgique)
4e Françoise Lumbroso (France)
5e Agnès Lempereur (Belgique)

ESTEPONA (Espagne) 1975

1er Michel Charlemagne (France)
2e Marc Selis (Belgique)
3e Jacques Cramme (Belgique)
4e Jean Dubois (Belgique)
5e Dominique Darmstaedter (Belgique)

DJERBA (Tunisie) 1976

Individuel Élite

1er Marc Selis (Belgique)
2e Michel Charlemagne (France)
3e Yvon Duval (Belgique)
4e Jean-Pierre Brulé (France)
5e Maurice-André Van Gysel (Belgique)

Open

1er Sarah Wolfovicz (Belgique)
2e Willy Koch (Belgique)
3e Émile Depaifve (Belgique)
4e Nadine Wantens (Belgique)
5e Pierre Desmoulins (France)

AIX-LES-BAINS 1977

1er Jean-Marc Bellot (France)
2e Michel Pialat (France)
3e Claude Saintjean (France)
4e M.-A. Van Gysel (Belgique)
5e J.-L. Pennec (France)

BRUXELLES 1978

Individuel

1er Yvon Duval (Belgique)
2e Claude Del (France)
3e Benjamin Hannuna (France)
4e Vincent Labbé, 15 ans (France)
5e Serge Kourotchkine (Paris)

Paires

1er M. Selis - J.L. Luyten (Belgique)
2e J.-M. David - G. Debruyne (B.)
3e Hervé Mollard - R. Laik (France)

Open

1er Phiippe Lalynko (France)
2e Dominique Darmstaedter (B.)
3e Alain Viseux (France)

Juniors (moins de 18 ans)

1er Eddy Clauwaert (Belgique)
2e Thierry Mues (Belgique)
3e Didier Clerc (France)

VICHY 1979

Individuel

	Score
1er Benjamin Hannuna (France)	97,42 %
2e Vincent Labbé (France)	96,40 %
3e Thierry Dellac (France)	96,40 %
4e Michel Lahmi (France)	96,37 %
5e Claude Saintjean (France)	96,12 %

Paires (1)

1er Georges Lavigne - Yvon Renson (Belgique)	99,27 %
2e Michel Bohé - Charles Colonna (France)	99,21 %
3e Rolland Nino - Thierry Delac (France)	99,15 %

Open

1er Jean-Paul Faur (France)
2e Francine Taltavull (France)
3e Alain Brice (France)
4e Catherine Fortemps de Loneux(B.)
5e Philippe Lorenzo (France)

Catégorie « Espoir »

1er Éric Lavigne, 12 ans (Belgique)

MONTREUX (Suisse) 1981

Individuel

1er Jean-Henri Muracciole
2e Marc Esquerre
3e Paul Levart

Paires

1ers Rolland Nino - Michel Raineri
2es Claudel Del - Michel Pialat

Open

1er Frank Pluven

HAMMAMET (Tunisie) 1982

Individuel

1er Michel Duguet - (4121/4167)
2e Benjamin Hannuna
3e Didier Clerc

Paires

1ers Didier Clerc - Michel Duguet (3143/3217)
2es Miari Pinson - Ginette Ste Cluque
3es Pierre Bloch - J.-F. Himber

Open

1er P. Beghin

---

(1) A partir de 1979 et pour la première fois, il a été accordé 2 minutes par coup au lieu de 3 minutes. Ce détail est d'importance quand on considère le haut niveau du score et le faible écart entre les concurrents.

GRENOBLE 1983

Individuel

1er Michel Duguet (4165/4179)
2e Frank Pluven
3e Marc Esquerré

Open

1er Bruno Pouyanne

Paires

1ers Michel Duguet - Thierry Dellac 3194/3255
2es Rolland Nino - Michel Raineri
3es Didier Clerc - Bernard Caro

MONTRÉAL (Canada) 1984

Individuel

1er Benjamin Hannuna (4491/4516)
2e Michel Duguet (4483)
3e Bruno Bloch (4470)

Open

1er Michel Pucheault

Paires

1ers Bernard Caro - Franck Delor (3394/3408)
2es Michel Duguet - Rolland Nino (3391)
3es Didier Clerc - Benjamin Hannuna (3389)

BRUXELLES (Belgique) 1985

Individuel

1er Michel Duguet (4093/4106)
2e Claude Del (4076)
3e Patrick Vigroux - (4069)

Open

1er Pierre Perrisse (3210/3292)

Paires

1ers MIchel Duguet - Benj. Hannuna (3507/3535)
2es Claude Del - Philippe Lorenzo (3497)
3es Bernard Caro - Philippe Bellosta (3489)

LAUSANNE (Suisse) 1986

Individuel

1er Philippe Bellosta (4188/4231)
2e Michel Duguet (4186)
3e Eddy Clauwaert (B) (4179)

Open

1er Jean-François Bescond (3598/3729)

Paires

1ers Michel Duguet - Paul Levart (3424/3428)
2es P.Q.T.N,Guyen (Q) - Maria Burteau (Q) (3420)
3es Jacques Lachkar - Didier Roques (3408)

METZ 1987

Individuel

1er Michel Duguet (4691/4716)
2e Philippe Lorenzo (4673)
3e Christian Pierre (B) (4648)

Open

1er Bruno Cohen-Bacrie (4525/4607)

Paires

1ers Eddy Clauwaert (B) - Hervé Mollard (3500/3500)
2es Bruno Bloch - Philippe Bellosta (3499)
3es J.-François Deron - Bruno Pouyanne (3492)

QUÉBEC (Canada) 1988

Individuel

1er Michel Duguet (4293/4307)
2e J.-Louis Pallavicini (4259)
3e Guy de Bruyne (B) (4239)

Open

1er J.-François Bescond (3416/3442)

Paires

1ers Paul Levart - Michel Duguet (3396/3408)
2es J.-François Deron - Patrick Vigroux (3392)
3es Bernard Caro - Christian Pierre (B) (3390)

NAMUR (Belgique) 1989

Individuel

1er Paul Levart (4359/4386)
2e Marc Treiber (4359)
3e J.-François Lachaud (4349)

Open

1er Gérard Boccon (3898/3986)

Paires

1ers Didier Roques - Claude Del (3390/3423)
2es Bernard Caro - Christian Pierre (B) (3383)
3es J.-François Deron - Patrick Vigroux (3378)

DAKAR (Sénégal) 1990

Individuel

1er Marc Treiber (4510/4542)
2e Christian Pierre (B) (4501)
3e Paul Levart (4480)

Open

1er Yves Lamour (4837/4939)

Paires

1ers Marc Treiber - Thierry Chincholle (3859/3880)
2es Véronique Keim (CH) - Bruno Bloch (3856)
3es Pascal Fritsch - Christian Amet (3843)

LES MEILLEURS JOUEURS DU CLASSEMENT 1990

Le Classement national des joueurs s'établit en fonction des points de classement obtenus dans l'année lors du Championnat du monde individuel, du Championnat de France individuel, du Tournoi de Vichy et des Tournois homologués. Il y a désormais 6 Séries de classement (1ère, 2e, 3e, 4e, 5e, 6e Série) et les « non classés ». Ceci sur un ensemble de quelque 9 000 licenciés.

95 joueurs sont en 1ère Série **Internationale.**

196 joueurs sont en 2e Série **Internationale.**

(Pour ces deux séries sont inclus des joueurs étrangers.)

208 joueurs sont en 3e Série Nationale.

A partir de 1990 et pour la première fois, existe une **Super-série** réservée aux tout meilleurs joueurs (pour les étrangers, la lettre entre parenthèses indique leur nationalité) :

SUPER-SÉRIE :

1.	Patrick Vigroux	90,40 %
2.	Bruno Bloch	81,86 %
3.	Christian Pierre (B)	81,07 %
4.	Philippe Bellosta	77,87 %
5.	Marc Treiber	75,19 %
6.	Paul Levart	74,74 %
7.	Didier Clerc (Q)	67,84 %
8.	Franck Pluven	63,87 %
9.	Jean-François Lachaud	61,85 %
10.	Eddy Clauwaert (B)	61,19 %
11.	Franck Maniquant	57,96 %
12.	Jean-Luc Dives (B)	57,80 %
13.	Emmanuel Rivalan	57,23 %
14.	Francis Leroy	56,82 %
15.	Michel Duguet	55,84 %
16.	Bernard Caro	54,90 %
17.	Bruno Cohen-Bacrie	52,05 %
18.	Mario Buteau (Q)	51,48 %
19.	Pascal Fritsch	50,85 %

FÉDÉRATION FRANÇAISE DE SCRABBLE
FEUILLE D'ARBITRAGE-TYPE

Club : P.L.M. Paris

Épreuve : SCRABBLE DUPLICATE INDIVIDUEL - 1ère PARTIE

Date | 0 6 | 0 4 | 7 6 | Maxi : 944

Place	Nom	Classement	N°	Score	% Top	%	P.C.
1er	MARTIN J.	1re série	75 001	892		94,49	73
2e							
3e							
4e							
5e ex aequo							
5e ex aequo							

Folio N° ....

Arbitre : M. X N° 75 000

Signature :

Place : celle obtenue par le joueur à la fin de la partie (son classement).

Classement : 1re, 2e, 3e Série, etc.

N° : numéro d'affiliation du joueur (ou numéro d'homologation).

Score : points obtenus par le joueur en fin de partie.

% Top : réservé pour le Top-Scrabble, le cas échéant.

% : rapport entre les points du joueur et le maximum. Par exemple : 892 sur 944 = 94,49 %.

P.C. : Points de classement dépendant du nombre total de joueurs, du nombre de joueurs classés à l'occasion de tournois homologués.

FEUILLE DE MARQUE INDIVIDUELLE-TYPE

FÉDÉRATION FRANÇAISE DE SCRABBLE

Tournoi du :

Nombre de joueurs : 90

TIRAGE	MOT JOUÉ	Points	Cumul	MOT RETENU	Place	Points	Cumul
AFEGMRO	**FORMAGE**	82	82	**FROMAGE**	H 4	82	82
ADIRESI	**SIDERAI**	95	177	**SIDERAI**	11 E	95	177

MAXI 987

Place 1er   % 98,48   Club : P.L.M. Paris

Type de Billet individuel

sur lequel le joueur inscrit le mot qu'il a trouvé avec ses points

CHAMPIONNAT DE FRANCE

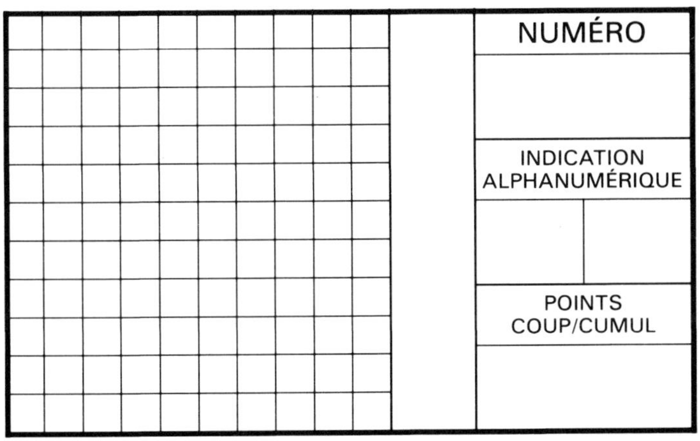

Type de Feuille de Marque
des Tournois en partie libre

PARTIE LIBRE DE SCRABBLE

Fédération Française de Scrabble

Barème ....

....

....

Épreuve .... Date ....

JOUEUR A

Nom : ....

Adresse : ....

JOUEUR B

Nom : ....

Adresse : ....

Mot	Place	Score	Cumul	Mot	Place	Score	Cumul
1				1			
2				2			
3				3			
4				4			
5				5			
6				6			
7				7			
8				8			
9				9			
10				10			
11				11			
12				12			
13				13			
14				14			
15				15			
16				16			
17				17			
18				18			
19				19			
20				20			

Rappel total ☐ **Rappel total** ☐

Nom du vainqueur : ....

Différence : .... Points de victoire : ....

Signature du joueur A **Signature du joueur B**

CHAPITRE XI

CLUBS ET FÉDÉRATIONS

FÉDÉRATION INTERNATIONALE DE SCRABBLE FRANCOPHONE

Avenue Louise 87, Bte 8
1050 BRUXELLES - Tél. : (32 - 2) 538.68.72

FÉDÉRATIONS NATIONALES

FÉDÉRATION FRANÇAISE DE SCRABBLE

96, boulevard Pereire
75017 PARIS
Tél.: (33-1) 43.80.40.36

La F.F.Sc. à travers ses 22 comités régionaux groupant de nombreux Clubs, est bien représentée en métropole et outremer. Elle publie une revue **Scrabblerama,** « écrite par des scrabbleurs... pour les scrabbleurs! ». Chaque année, en décembre, elle édite l'**Agenda** donnant tous renseignements utiles sur les Clubs (y compris les Clubs scolaires), les classements, le calendrier des tournois, etc.

MINITEL

Une heureuse initiative plus récente de la Fédération est l'accès au Scrabble par le Minitel : 36 15 code SCRAB.

FÉDÉRATION BELGE DE SCRABBLE

Avenue Louise 87, Bte 8 - 1050 Bruxelles - Belgique

FÉDÉRATION LUXEMBOURGEOISE DE SCRABBLE

24, rue d'Amsterdam - 1126 Luxembourg

FÉDÉRATION SUISSE DE SCRABBLE

Case Postale 37 - CH 1870 Monthey

FÉDÉRATION QUÉBÉCOISE DES CLUBS DE SCRABBLE FRANCOPHONE

Jeux récréatifs - 4545, avenue Pierre de Coubertin -
C.P. 1000, Succursale M - Montréal - (Québec) - H1V 3R2

FÉDÉRATION SÉNÉGALAISE DE SCRABBLE

Boîte postale 222 - Thiès

FÉDÉRATION TUNISIENNE DE SCRABBLE

1, rue El-Mahrès - 1004 El Menzah

FÉDÉRATION ZAÏROISE DE SCRABBLE

Fezas - B.P. 10729 - Kinshasa 1

CHAPITRE XII

INDEX

CAGNOTTE :

Reliquat des lettres après chaque distribution.

CARRÉ CENTRAL :

Case rose, portant une étoile, au centre du tableau, qui doit être obligatoirement recouverte au premier coup.

CHEVALET :

Petite barre de bois inclinée sur laquelle le joueur place ses jetons (ou lettres). On l'appelle aussi **Réglette**.

COUP LEGENDRE :

Coup dans lequel la lettre la plus chère de la main bénéficie d'une prime ainsi que le mot composé. Selon la valeur des primes, on distingue : le **Petit Coup Legendre,** le **Grand Coup Legendre** et le **Super Coup Legendre** (Voir p. 88).

COUP TECHNIQUE

Petit Coup Technique : coup dans lequel une lettre chère double deux fois (horizontalement et verticalement). Dans le **Grand Coup Technique,** elle triple deux fois.

DÉCOMPOSÉ (Jouer en) :

Se disait, en fin de partie, quand il restait 4 lettres ou moins, pouvant être placées, en un coup, en différents points de la grille. Aujourd'hui, le « décomposé » est abandonné.

DUPLICATE :

Formule de jeu utilisée dans les compétitions, et offrant aux joueurs, en nombre illimité, la même distribution de lettres à chaque coup (voir p. 30).

ÉPELLATION :

Dans les compétitions, la lettre tirée est annoncée par référence à l'initiale du nom-type (A comme Algérie, etc.). On a choisi :

Algérie, Belgique, Canada, Danemark, Égypte, France, Grèce, Hongrie, Italie, Jordanie, Kenya, Luxembourg, Maroc, Norvège, Océanie, Portugal, Québec, Roumanie, Suisse, Tunisie, Uruguay, Venezuela, Wallonie, Xénophon, Yougoslavie, Zaïre.

ÉTOILE :

Elle marque la case rose centrale de la grille, qui doit être occupée par l'une des lettres du premier mot joué.

GRILLE :

Tableau de jeu de 225 cases (15 x 15).

JETON :

Un des 102 pions du jeu dont 100 représentent une lettre d'une valeur de 1, 2, 3, 4, 8 ou 10 points, et 2 sont blancs (jokers).

JOKER :

Jeton blanc, sans valeur, pouvant remplacer une lettre quelconque.

LETTRE BLANCHE :

Joker.

LETTRE CHÈRE :

Lettre en exemplaire unique, valant 8 points (J et Q) ou 10 points (K, W, X, Y et Z). On l'appelle parfois aussi « lettre difficile », parce que son placement sur la grille n'est pas toujours aisé.

MAIN :

Ensemble de sept lettres dont dispose le joueur.

O.D.S. :

Officiel du Scrabble, dictionnaire de référence des scrabbleurs depuis le 1er janvier 1990.

PIVOT (en) :

Position d'une lettre donnant lieu à une combinaison double.

P.L.I. :

Petit Larousse illustré, dictionnaire de référence avant 1990.

PRIME :

Majoration de points pour la lettre ou le mot quand une case colorée est occupée. Il existe quatre types de primes :

Case bleu clair : lettre compte double ;
Case bleu foncé : lettre compte triple ;
Case rose : mot compte double ;
Case rouge : mot compte triple.

RÉGLETTE :

Autre nom du chevalet.

SCRABBLE :

Placement des sept lettres en un seul coup, ce qui rapporte une bonification de 50 points.

SCRABBLER :

Réaliser un Scrabble.

TABLEAU :

Grille de 15 sur 15 comportant des cases coloriées à primes. En compétition, tableau d'affichage à lettres mobiles sur lequel l'arbitre pose les mots retenus.

TIRAGE :

Outre l'opération elle-même, désigne l'ensemble des lettres dont dispose le joueur.

TOP SCRABBLE :

Système de marque pouvant être utilisé en duplicate et favorisant la régularité d'un joueur (Voir p. 31 et 32).

Imprimé en France pour la Librairie BORNEMANN en septembre 1991
par l'Imprimerie WILLAUME-EGRET à Saint-Pierre-du-Perray (91)
Dépôt légal effectué dans le 3e trimestre 1991
N° de l'Éditeur : 4427 — N° de l'Imprimeur : 3367